DNA E INVESTIGAÇÃO CRIMINAL NO BRASIL

0384

C157d Callegari, André Luís.
DNA e investigação criminal no Brasil / André Luís Callegari, Maiquel Ângelo Dezordi Wermuth, Wilson Engelmann. – Porto Alegre: Livraria do Advogado, 2012.
100 p.; 14 cm.
Inclui bibliografia.
ISBN 978-85-7348-795-4

1. Direito penal - Genética. 2. Investigação criminal - DNA - Brasil. 3. Prova criminal. 4. Direitos fundamentais. 5. Autoincriminação. 6. Bioética. I. Wermuth, Maiquel Ângelo Dezordi. II. Engelmann, Willson. III. Título.

CDU 343:575(81)
CDD 340.78

Índice para catálogo sistemático:
1. Direito criminal : Genética : Brasil   343:575(81)

(Bibliotecária responsável: Sabrina Leal Araujo – CRB 10/1507)

André Luís Callegari
Maiquel Ângelo Dezordi Wermuth
Wilson Engelmann

DNA E INVESTIGAÇÃO CRIMINAL NO BRASIL

Porto Alegre, 2012

©
André Luís Callegari
Maiquel Ângelo Dezordi Wermuth
Wilson Engelmann
2012

Capa, projeto gráfico e diagramação
Livraria do Advogado Editora

Revisão
Betina Szabo

Direitos desta edição reservados por
Livraria do Advogado Editora Ltda.
Rua Riachuelo, 1338
90010-273 Porto Alegre RS
Fone/fax: 0800-51-7522
editora@livrariadoadvogado.com.br
www.doadvogado.com.br

Impresso no Brasil / Printed in Brazil

Prefácio

As transformações científicas e tecnológicas, bem como a velocidade das comunicações, diminuíram as distâncias e relativizaram o tempo, com redução do espaço, tornando o futuro incerto, imprevisível (paradoxo do aumento e diminuição do tempo, em razão da velocidade). Isso também afeta os mecanismos de poder do Estado, das regras e de suas metodologias de controle, de contenção, de investigação e, consequentemente, da criminalidade. A tecnologia, o conhecimento e a inteligência também passaram a servir ao ilícito, na mesma velocidade temporal. Por isso a necessidade de ultrapassar a investigação "à moda rambo", ou seja, pela força, com armamento pesado, tanques nas ruas, balões dirigíveis, atrelada aos vetustos paradigmas investigatórios de informantes, testemunhas, acareações, reconhecimentos, álbuns de fotografias corroídos pelo tempo. A criminalidade inteligente investiga-se com inteligência, com mecanismos adequados, isto é, em uma reação vinculativa horizontal e não em uma cadeia desconexa, vertical e insidiosa.

A realidade tecnológica (tecnociência) reduz, transmuda a distância, o espaço e o tempo (cyber-espaço, onipresença, simulação, telepresença, ubiquidade), estabelecendo outros referenciais, tal como a energia (imediatidade, interação, instantaneidade, simultaneidade virtual), a qual permite a interação por meio da videoconferência, do videotexto, do armazenamento de dados, da regulação do acesso, do estabelecimento de estratégias, alcançando até a desmaterialização (transformação em energia) em bits, chips, v.g., mas também esboroando a fronteira entre a identidade natural e a eletrônica, entre o ambiente biológico e o tecnológico, entre o "eu" mente, privado e o "eu" on-line ou fantasmagórico (sem apoio em corpo, espaço e tempo, múltiplas identidades e personalidades, ambiente de gozo liberto, não-lugar).

Nos últimos tempos, novas metodologias de investigação e de produção de prova têm sido introduzidas no ordenamento jurídico brasileiro. Dentre essas podemos destacar a infiltração de agentes, a postergação do flagrante, as filmagens em ambientes privados, semipúblicos e públicos, a proteção (?) de vítimas e testemunhas, a colaboração premiada (delação premiada). Pouco resta dessas novas metodologias de investigação da criminalidade organizada em uma realidade de carência estrutural dos órgãos encarregados da investigação, da falta de preparo técnico específico, da ausência de cooperação efetiva de integração relacional e comunicacional entre os diversos órgãos investigatórios e as instituições de armazenamento de dados e de informações.

Os bancos de perfis genéticos situam-se na perspectiva de utilização de novas técnicas e métodos de investigação e de produção de provas no processo penal, ainda não regulamentados no Brasil, mas com avançadas discussões legislativas a sua implantação, à semelhança do que já implementado em outros países.

Porém, se faz mister laborar, não na perspectiva, mas na realidade de um Estado de Direito, de adequação Constitucional e aos Diplomas Internacionais, dos quais emanam os limites necessários para que seja constituído um processo penal democrático e republicano. Contudo, essas novas técnicas engendram uma série de problemas, éticos, bio-éticos, jus-filosóficos e jurídicos, para restringir ao que tratado no presente livro.

A obra parte de uma abordagem inicial do fenômeno da expansão do sistema criminal, com seus reflexos também no processo penal, inclusive na busca de provas irrefutáveis, taxadas legalmente, na perspectiva de uma antecipação da potestade punitiva, com importantes componentes políticos, inclusive coma supressão e flexibilização de garantias constitucionais. Após, na perspectiva necessária de uma abordagem transdisciplinar, o livro evidencia a problemática bio-ética dos referidos bancos de perfis genéticos. O terceiro capítulo analisa a possível transgressão de direitos fundamentais dos implicados na extração das amostras, mormente do *nemo tenetur*, ou da vedação da auto-incriminação. Nessa mesma linha, os autores enfatizam a possível colidência dessa nova metodologia probatória também com a dignidade da pessoa, personalidade e vida privada. Por fim, propõem os autores a utilização do princípio da proporcionalidade para resolver os problemas oriundos da colidência entre o direito à prova e o respeito aos direitos fundamentais.

Portanto, trata-se de uma publicação digna de encômios, não só pelo tema pouco trabalhado no Brasil, mas também pela abordagem transdisciplinar e ancoragem constitucional.

Parabéns aos autores.

Porto Alegre, fevereiro de 2012

Prof. Nereu José Giacomolli

Sumário

À guisa de introdução:
bancos de dados de perfis genéticos e investigação criminal no
Brasil: desafios jus-filosóficos e éticos...11

1. O processo de expansão do Direito Penal e a busca por provas
indiscutíveis...15
   1.1. O retorno (vindicativo) da vítima...27
   1.2. O legislador "cool" e a politização do Direito Penal...................31
   1.3. A criminologia do fim da história e a derrocada do ideal da
   reabilitação...32
   1.4. A antecipação do risco (ou o Direito Penal no pretérito
   imperfeito do subjuntivo)...37
   1.5. A flexibilização/supressão das garantias e a busca pelas
   provas indiscutíveis..42

2. A utilização de bancos de perfis genéticos para fins de
persecução criminal à luz de alguns pressupostos bioéticos.........57

3. O direito fundamental à não autoincriminação: a utilização
do DNA frente aos postulados constitucionais do
Estado Democrático de Direito..65

4. O princípio da proporcionalidade como instrumento para
mensuração da possibilidade de utilização de bancos de dados
de perfis genéticos na investigação criminal no Brasil..................73

Conclusão..89

Referências..95

À guisa de introdução: bancos de dados de perfis genéticos e investigação criminal no Brasil: desafios jus-filosóficos e éticos

A utilização do DNA é um meio essencial à investigação no âmbito da administração da justiça e constitui uma prova bastante usada e aceita universalmente na esfera da investigação biológica da paternidade e maternidade (processos civis), bem como para investigação de cadáveres e pessoas desaparecidas (processos criminais).

No entanto, quando se trata do acesso aos bancos de perfis genéticos para fins de investigação criminal, notadamente a identificação de delinquentes, aparecem alguns problemas, dentre os quais assumem maior relevância as seguintes questões: a) o caráter pessoal e sensível de ditas informações; b) os direitos e garantias fundamentais da pessoa humana; c) os princípios que orientam o ordenamento jurídico brasileiro em matéria probatória (com destaque para o princípio que veda a autoincriminação); d) a efetividade de ditas provas no que se refere ao seu objetivo principal – minimizar o debate judicial, por se tratarem, em tese, de provas indiscutíveis; e) as questões éticas e bioéticas por detrás desse assunto.

Assume relevância, assim, a investigação da regulação hoje existente em âmbito internacional – em especial no que se refere à realidade europeia – sobre a utilização dos perfis genéticos e até mesmo sobre a criação de uma base única de dados de DNA para servir à de investigação criminal.

Este pequeno livro, portanto, tem por objeto essa discussão, ou seja, analisar os limites e possibilidades de utilização desses dados na investigação criminal, a partir do arcabouço jurídico delineado pela Constituição Federal brasileira. Dentro desse contexto, pretende-se enfrentar o seguinte problema: considerando a necessidade(?) de modernizar a persecução criminal realizada pelo Estado, em que condições estaria justificada a criação e a utilização de banco de dados com perfis genéticos para fins de utilização no processo penal?

A pesquisa foi perspectivada pelo ângulo do método fenomenológico-hermenêutico. Sabendo-se que o método de abordagem visa aproximar o sujeito (pesquisador) e o objeto a ser pesquisado; e atento à orientação metodológica que permeia as pesquisas realizadas numa das linhas de pesquisa do Programa de Pós-Graduação em Direito – Mestrado e Doutorado – da UNISINOS, cabem algumas considerações sobre a metodologia que sustenta a construção deste texto: o "método" fenomenológico-hermenêutico (Stein, 1979). As ideias e a discussão a seguir apresentadas buscam relacionar o avanço das novas tecnologias e a sua utilização na persecução criminal são desenvolvidas a partir dos seus próprios resultados, sejam positivos ou negativos. Vale dizer, não se fará uma análise externa, como se o sujeito e o objeto estivessem cindidos. Pelo contrário, o sujeito (no caso, os autores do livro) está diretamente implicado, pois relacionado, com o objeto de estudo, o qual interage com ele e sofre as consequências dos seus resultados (suas descobertas e potencialidades). Assim, não se trata de uma investigação alheia aos pesquisadores, eles estão no mundo onde a pesquisa será desenvolvida. Aí o significado do fenômeno. Já essa constatação fenomênica receberá a atribuição de sentido, tomando como ponto de partida o círculo hermenêutico, especialmente a partir das contribuições de Martin Heidegger e Hans-Georg Gadamer.

É por isso que se concorda com o Professor Lenio Luiz Streck quando afirma: "o verdadeiro caráter do método fenomenológico não pode ser explicitado fora do movimento e da dinâmica da própria análise do objeto". [...] Em decorrência disso, "a introdução ao método fenomenológico somente é possível, portanto, na medida em que, de sua aplicação, forem obtidos os primeiros resultados. Isto constitui sua ambiguidade e sua intrínseca circularidade". Ao se aplicar esse movimento, constata-se que a "sua explicitação somente terá lugar no momento em que tiver sido atingida a situação hermenêutica necessária. Atingida esta, descobre-se que o método se determina a partir da coisa mesma" (Streck, 2004, p. 4). No movimento do círculo hermenêutico, onde a pré-compreensão antecede a compreensão/interpretação/aplicação que se dará sentido às descobertas e possibilidades da utilização dos dados genéticos no processo penal, onde os investigadores estarão diretamente implicados.

Esse método é propício para o desenvolvimento transdisciplinar da pesquisa e da construção dos objetivos, pois a transdisciplinaridade "se interessa pela dinâmica gerada pela ação de vários níveis de Realidade ao mesmo tempo" (Nicolescu, 2000, p. 16). Para que o Direito Penal e Processual Penal consigam dar conta dos desafios trazidos pelos avanços das novas tecnologias, especialmente aquelas voltadas à utilização do DNA, deverão abrir-se dois caminhos: perpassar outras áreas do conhecimento que poderão ajudá-los a compreender a complexidade das realidades que as novas tecnologias viabilizarão, e deixar ingressar as ideias vindas de outras áreas e saberes. Esta será a condição de possibilidade para a construção do jurídico penal e processual penal em condições de aliar o desenvolvimento científico e o respeito aos direitos básicos do ser humano.

1. O processo de expansão do Direito Penal e a busca por provas indiscutíveis

Tornou-se senso comum no debate jurídico-penal contemporâneo a preocupação com o enfrentamento aos riscos representados pelas novas formas assumidas pela criminalidade. Os atentados terroristas ocorridos em grandes centros urbanos nos albores deste novo século – a exemplo dos perpetrados em Nova York em 11 de setembro de 2001 – deflagraram sinais de alerta nas políticas de segurança dos mais diversos países, suscitando a discussão sobre a capacidade dos poderes públicos em dar respostas efetivas a esses problemas.

Referidos eventos obrigaram ao reconhecimento, segundo Hardt e Negri (2005, p. 22-23), de que se vive na contemporaneidade uma situação de "guerra global":[1]

---

[1] Segundo Hardt e Negri (2005, p. 21-22), em nossos dias "a guerra transforma-se num fenômeno geral, global e interminável", uma vez que "inúmeros conflitos armados manifestam-se hoje através do planeta, alguns breves e limitados a um lugar específico, outros prolongados e expansivos". Isso leva os referidos autores a argumentarem que esses conflitos não devem mais ser encarados como "casos de guerra", mas sim de "guerra civil", pois "enquanto a guerra, como tradicionalmente entendida pelo direito internacional, é um conflito armado entre entidades políticas soberanas, a guerra civil é o conflito armado entre combatentes soberanos e/ou não-soberanos *dentro de um mesmo território soberano*. Essa guerra civil já não seria entendida agora no contexto de um espaço nacional, pois deixou de ser esta a unidade efetiva de soberania, mas no ambiente global". Como decorrência disso, "cada guerra local não deve ser encarada isoladamente, e sim como parte de uma grande constelação, ligada em graus variados tanto a outras zonas de guerra quanto a áreas que atualmente não se encontram em guerra".

"não há como fugir ao estado de guerra" e "não há um fim à vista", uma vez que a guerra é hoje uma condição geral, visto que "em determinados momentos e lugares, pode haver cessação das hostilidades, mas a violência letal está presente como potencialidade constante, sempre pronta a irromper em qualquer lugar".

Uma análise da alteração verificada no emprego do conceito de guerra entre o fim do século XX e início do século XXI evidencia a veracidade dessa afirmação. Com efeito, a retórica da guerra passa a ser usada para fazer referência a atividades muito diferentes da guerra propriamente dita, ou seja, atividades que não envolvem violência letal ou derramamento de sangue. Usam-se as metáforas da guerra nos esportes, no comércio, na política interna de um país, etc., para indicar competição, mas uma competição que não se dá entre inimigos na acepção literal do termo, bem como para chamar a atenção para os riscos e conflitos envolvidos nessas atividades. Por outro lado, também se utiliza a retórica da guerra como manobra política para conseguir adesão de forças sociais em torno de um objetivo de união típico de um esforço de guerra, podendo-se citar como exemplo as "guerras contra a pobreza" (Hardt; Negri, 2005).

No entanto, a partir do momento em que a retórica da guerra passou a ser utilizada também para a mobilização social contra as drogas – no final do século XX – e contra o terrorismo – no início do século XXI –, ela começou a assumir um caráter mais concreto. Ainda que, como no caso da guerra contra a pobreza, os "inimigos" não são apresentados como Estados-Nação ou comunidades políticas específicas, ou sequer como indivíduos, e sim como "conceitos abstratos ou talvez um conjunto de práticas", essas guerras "não são assim tão metafóricas, pois, como no caso da guerra tradicional, envolvem combates armados e força letal". Com isso, nessas guerras "é cada vez menor a diferença entre o exterior e o interior, entre os conflitos externos e a segurança interna", razão pela qual se pode falar na passagem "das invocações metafóricas e retóricas da guerra para guerras reais contra inimigos indefinidos e imateriais." (Hardt; Negri, 2005, p. 35). Resultado disso é que o estado de exceção – paradoxalmente – transforma-se na regra, fazendo com que se torne cada vez mais obscura a distinção tradicional entre guerra e política, dado que "a guerra vai-se transformando no princípio básico de organização da sociedade, reduzindo-se a política apenas a um de seus recursos ou manifestações." (Hardt; Negri, 2005, p. 33). De acordo com Agamben (2004, p. 13), o estado de exceção "tende cada vez mais a se apresentar como o paradigma de governo dominante na política contemporânea". Isso ameaça transformar radicalmente "a estrutura e o sentido da distinção tradicional entre os diversos tipos de constituição", dado que o estado de exceção se apresenta "como um patamar de indeterminação entre democracia e absolutismo".

Para ilustrar o exposto, o autor utiliza as medidas adotadas pelos EUA no período pós-11 de setembro no "combate ao terrorismo" – como a "indefinite detention", o processo perante as "military commissions", bem como o "USA Patriot Act" –, argumentando que "a novidade da 'ordem' do presidente Bush está em anular radicalmente todo estatuto jurídico do indivíduo, produzindo, dessa forma, um ser juridicamente inominável e inclassificável." (Agamben, 2004, p. 14).

Isso porque os homens capturados no Afeganistão e presos em Guantánamo não gozam do estatuto de prisioneiros de guerra segundo a Convenção de Genebra[2], bem como não são considerados acusados pelas leis norte-americanas. Quer dizer: "nem prisioneiros nem acusados, mas

---

[2] Sobre o tema das "insuficiências" da Convenção de Genebra, uma interessante abordagem é feita por Butler (2007).

apenas *detainees*, são objeto de uma pura dominação de fato, de uma detenção indeterminada não só no sentido temporal, mas também quanto à sua própria natureza, porque totalmente fora da lei e do controle judiciário." (Agamben, 2004, p. 14).

Com efeito, em relação aos "terroristas" capturados em Guantánamo, parece haver uma completa desconsideração do fato de que "a superioridade política e moral de uma sociedade livre e democrática consiste, justamente, em tratar seus inimigos como pessoas com direitos mínimos e não se colocar no mesmo nível deles", razão pela qual "não se leva a cabo uma 'guerra' contra terroristas, mas sim, procura-se combatê-los com os meios do direito penal do Estado de Direito", uma vez que esta é a única forma de se prestar um serviço à justiça e se "criar a base para a superação do injusto terrorista." (Ambos, 2011).

Ao comentar as fotografias dos prisioneiros de Guantánamo divulgadas pelo Departamento de Defesa dos EUA, Butler (2009, p. 104) refere que eles se assemelham a animais enjaulados, o que, segundo a autora, representa um processo de "bestialización de lo humano", corroborado pelas afirmações de Donald Rumsfeld no sentido de que os referidos prisioneiros não são como outros seres humanos em guerra, razão pela qual "no son 'castigables' para la ley, sino merecedores de una reclusión forzada inmediata y sustenida". São, portanto, considerados "algo menos que humanos, que de algún modo asumen forma humana", razão pela qual se pode afirmar que eles representam "una equivocación de lo humano, lo que explica en buena parte el escepticismo acerca de la aplicabilidad de leyes y derechos".[3] Afinal, trata-se de vidas que não merecem ser lamentadas.[4]

---

[3] É impossível, nesse ponto, não fazer pelo menos uma breve menção à obra do jurista alemão Günther Jakobs (2007; 2009), para o qual o combate efetivo a determinadas formas de criminalidade somente se viabiliza na medida em que haja uma diferenciação no trato daqueles que podem ser considerados – ainda

A violência, nesses casos, é exercida contra sujeitos irreais, considerando-se que não há dano ou negação possíveis a partir do momento que se está tratando de vidas já negadas, de vidas que já estavam perdidas para sempre, ou que nunca "foram", razão pela qual devem ser eliminadas por viverem obstinadamente nesse estado moribundo. Em um contexto tal, a "desrealização" do "outro" quer dizer que não está nem vivo nem morto, mas em uma interminável condição de "espectro". Assim, a paranoia infinita que vê a guerra contra o terrorismo como uma guerra sem fim se justifica incessantemente em relação com a infinitude espectral de seu inimigo, sem considerar se há ou não bases firmes para suspeitar da existência de células terroristas em contínua atividade (Butler, 2009).

Ao se debruçar sobre o caso específico da "indefinite detention"[5] em Guantánamo, Butler (2009) assevera que

que pratiquem eventualmente algum fato delituoso – como *cidadãos*, e aqueles que só podem ser enfrentados enquanto *inimigos* do Estado, pois das suas regras se afastaram definitivamente. Nessa perspectiva, defende o autor a ideia de que também devem existir duas formas de Direito Penal: um para ser aplicado especificamente aos cidadãos – marcado pelas garantias penais e processuais –, e outro para ser aplicado especificamente aos inimigos – no qual há uma extensa antecipação das proibições penais sem nenhuma redução da pena cominada, assim como uma grande restrição das garantias processuais características de um Estado Democrático de Direito. Isso porque, nesta perspectiva, os inimigos não podem ser tratados como pessoas, mas sim *combatidos* como não pessoas, pois o tipo de criminalidade por eles levada a cabo denota que não aceitam participar de uma sociedade civilizada.

[4] Butler (2009, p. 58) reflete a propósito da diferença de tratamento dispensada às mortes provocadas pelos atentados terroristas nos EUA e as mortes perpetradas pelos EUA na luta contra o terrorismo, ou seja, discute o que conta como vida "vivível" e morte "lamentável", afirmando que "la vida se cuida y se mantiene diferencialmente, y existen formas radicalmente diferentes de distribución de la vulnerabilidad física del hombre a lo largo del planeta. Ciertas vidas están altamente protegidas, y el atentado contra su santidad basta para movilizar las fuerzas de la guerra. Otras vidas no gozan de un apoyo tan inmediato y furioso, y no se calificarán incluso como vidas que 'valgan la pena'".

[5] A autora (2009, p. 97) considera a detenção indefinida "un ejercicio ilegítimo del poder" ao mesmo tempo que representa parte de "una táctica más amplia para neutralizar el estado de derecho en nombre de la seguridad". A detenção indefinida, assim, não significa uma circunstância excepcional, mas sim o meio pelo qual o excepcional se converte em uma norma naturalizada.

em nome de alertas de segurança e de um estado de emergência, a lei acaba sendo suspensa em plano nacional e internacional e, juntamente com a suspensão da lei, impõe-se um novo estado de soberania que não somente se exerce fora da lei, mas por meio da criação de uma burocracia administrativa na qual os funcionários, além de decidir quem será julgado e quem será detido, são também os que têm a última palavra acerca da detenção indefinida de uma pessoa.

Neste casos,

la propia ley queda suspendida, o bien considerada como un instrumento que el Estado puede poner al servicio de constreñir y delimitar una población dada. El Estado no está sujeto al estado de derecho, pero la ley puede suspenderse o desplegarse táctica y parcialmente para cumplir con los requisitos de un Estado que busca cada vez más dotar de un poder soberano al Ejecutivo y a la administración. La ley se suspende en nombre de la "soberanía" de la nación – entendida como la obligación de cualquier Estado de preservar y proteger su propia territorialidad. Por este acto de suspender la ley, el Estado queda entonces desarticulado en un conjunto de poderes administrativos que en alguna medida se sitúan en el exterior del aparato del Estado mismo, mientras que las formas de soberanía que resucitan en su interior señalan la persistencia de formas de poder para el Ejecutivo previas a la emergencia del Estado moderno (Butler, 2009, p. 85).

Por meio desse ato de suspensão da lei, o Estado "*produce* una ley que no es una ley, una corte que no es una corte, un proceso que no es un proceso", quer dizer, o estado de emergência "retrotrae el funcionamiento del poder de un conjunto de leyes (judiciales) a un conjunto de normas (gubernamentales) que restablecen el poder soberano", sendo que essas normas "no son obligatorias a causa de las leyes establecidas o de modos de legitimación, sino completamente discrecionales, incluso arbitrarias, ejercidas por funcionarios que las interpretan unilateralmente y que deciden las condiciones y la forma en que son invocadas." (Butler, 2009, p. 91-92).

Nesse contexto, a lei não é aquilo a que o Estado está sujeito, tampouco representa um critério de aferição da (i)legitimidade de um ato de governo: ela é compreendida como um mero instrumento, ou seja, um dispositivo de poder que pode ser aplicado ou suspenso à vontade. Por isso, a soberania consiste hoje "na aplicación variable de la ley, en su tergiversación y en su suspensión. Bajo su forma actual, constituye una relación de explotación de la ley, instrumental, desdeñosa, sustitutiva, arbitraria." (Butler, 2009, p. 114).

É o Executivo, nesses casos, que avalia que determinado indivíduo ou grupo constituem um perigo para o Estado. No entanto, dita "avaliação" é realizada em um contexto de emergência, no qual o Estado pode exercer prerrogativas de poder que compreendem a suspensão da lei. Assim, avaliar alguém como perigoso é suficiente para convertê-lo em perigoso e justificar sua detenção indefinida, ou seja, transformá-lo em um mero "objeto" nas mãos do Estado. Afinal, "si una persona es simplemente juzgada peligrosa, entonces deja de ser un problema decidir si cometió algún acto criminal." (Butler, 2009, p. 106-107).[6]

A propósito, cumpre referir que muitos dos detentos de Guantánamo sequer possuíam ligação com o regime talibã. A jornalista americana de origem afegã Mahvish Rukhsana Khan (2008) relata o caso de homens afegãos (dentre eles um pediatra e um idoso de 80 anos com sequelas de um derrame) que foram "vendidos" por desafetos seus – por meio de falsas denúncias, portanto – aos ame-

---

[6] Butler (2009, p. 108) segue referindo que "si una persona o un grupo son considerados peligrosos, y no es necesario probar ningún acto peligroso para establecer la verdad de este hecho, entonces el Estado convierte a esa población detenida en peligrosa, privándola unilateralmente de la protección legal que le corresponde a cualquier persona sujeta a leyes nacionales e internacionales. Se trata ciertamente de personas no consideradas como sujetos, de seres humanos no conceptualizados dentro del marco de una cultura política en la que la vida humana goza de derechos legales y está asegurada por leyes – seres humanos que por lo tanto no son humanos.

ricanos como terroristas ligados à Al-Qaeda, em função do alto valor das recompensas pagas pelo governo americano, alardeadas por meio de panfletos que eram "pulverizados" de avião sobre o Afeganistão após os atentados de 11 de setembro. A partir de relatos da Anistia Internacional, Khan (2008, p. 74) denuncia o fato de que muitos dos homens apreendidos "eram 'preparados' nas prisões locais, para que suas barbas crescessem e parecessem mais com talibãs antes de serem vendidos aos militares americanos".[7]

É por isso que Delmas-Marty (2010) assevera que os eventos terroristas de 11 de setembro de 2001 marcaram uma reviravolta:

> Aux Etats-Unis, la proclamation de l'état de guerre a permis de suspendre l'Etat de droit, ce qui a conduit à légitimer la torture et des formes extrêmes de déshumanisation: on se souvient de ces hommes enfermés dans des cages à Guantánamo, ou des prisonniers tenus en laisse à Abou Ghraib'... Certes, l'état d'exception est supposé provisoire. Mais s'agissant d'un terrorisme global, qui n'a ni commencement ni fin, cet état tend à devenir permanent, d'autant que la "suspension" s'accompagne d'un "détournement" de l'Etat de droit, par transfert de pouvoirs à l'armée, voire à des sociétés militaires privées.

Tais constatações, para Agamben (2004, p. 131), não representam, no entanto, nenhuma novidade. A seu ver, o estado de exceção enquanto forma de governo continuou a funcionar quase sem interrupção a partir da I Guerra Mundial, por meio do fascismo e do nacional-socialismo, até nossos dias, quando atinge exatamente seu máximo desdobramento planetário.[8] Hoje, o aspecto normativo do direito pode ser "impunemente eliminado e contestado

---

[7] Na obra em comento a autora relata casos de violação extrema dos direitos humanos dos detentos de Guantánamo, notadamente no que se refere à violência física e psicológica, que revitalizam, em pleno século XXI, o tratamento dispensado aos judeus nos campos de concentração nazistas.

[8] Já para Butler (2009, p. 84), *"un tiempo histórico que pensábamos que había pasado vuelve para estructurar el campo contemporáneo con una persistencia que demuestra la falsedad de la historia como cronologia"*.

por uma violência governamental que, ao ignorar no âmbito externo o direito internacional e produzir no âmbito interno um estado de exceção permanente, pretende, no entanto, ainda aplicar o direito".

É importante destacar que, em um contexto tal, cada vez mais – lembra Pérez Cepeda (2007) – são criados "inimigos" com o objetivo único de eliminar toda resistência às estratégias das posições dominantes. A criação de uma atmosfera de medo desses inimigos – personificados ora pelo "terrorista", ora pelo "criminoso contumaz", ora pelo "imigrante" – converte-se, então, em um condicionante importante das políticas de segurança, sendo utilizado como escusa perfeita para evitar a perda de velocidade de projetos neoliberais hegemônicos de um Ocidente que, na linguagem de Chomsky (2002), sempre foi bastante eclético na sua escolha de inimigos, sendo os critérios de escolha, basicamente, a subordinação e o servilismo ao poder.

Afinal, deve-se recordar que o medo alimenta o medo e que há uma porosidade entre o temor que se sente em relação ao outro e o receio de um mundo que é percebido como sendo cada vez mais perigoso em escala global em função, dentre outros fatores, do terrorismo global, da cibercriminalidade, etc. Tudo isso se mescla para criar uma "sociedade onde se verifica uma viva inquietação ante a noção de perigo real ou imaginário", potenciada em função da fragilização do Estado: "l'Etat se trouve débordé, au sens propre (les risques devenus planétaires ne s'arrêtent évidemment pas à la frontière de chaque Etat), et au figuré (aucun Etat ne dispose de réponses efficaces à lui seul)." (Delmas-Marty, 2010).

E são exatamente esses fatores os determinantes para se afirmar que, na contemporaneidade, a guerra se transforma em um *"regime de biopoder,* vale dizer, uma forma de governo destinada não apenas a controlar a população, mas a produzir e a reproduzir todos os aspectos da vida social." (Hardt; Negri, 2005, p. 34). Afinal, deve-se considerar o fato de que "uma guerra para criar ou manter a ordem social não pode ter fim. Envolverá necessariamente o contínuo e ininterrupto exercício do poder e da violência. (Hardt; Negri, 2005, p. 35).

Em outras palavras,

> la guerra se convierte en un instrumento natural para preservar un orden igualmente natural que se identifica indisolublemente con los intereses neoliberales y con el instrumento decisório de su ideario político: el dominio del mercado mundial o la ideología del liberalismo, reduciendo la mundialización a una dimensión, la económica. (Pérez Cepeda, 2007, p. 126).

Como consequência disso, tem-se uma indeterminação dos limites espaciais e temporais da guerra:

> A guerra à maneira antiga contra um Estado-nação tinha claras delimitações espaciais, embora pudesse eventualmente disseminar-se por outros países, e seu fim geralmente era marcado por uma rendição, uma vitória ou uma trégua entre os Estados em conflito. Em contraste, a guerra contra um conceito ou um conjunto de práticas, mais ou menos como uma guerra de religião, não conhece limites espaciais ou temporais definidos. Tais guerras podem estender-se em qualquer direção, por períodos indeterminados. E com efeito, quando os dirigentes americanos anunciaram sua "guerra ao terrorismo", deixaram claro que deveria estender-se por todo o mundo e por tempo indefinido, talvez décadas ou mesmo gerações inteiras. (Hardt; Negri, 2005, p. 35).

Em um contexto tal, o Direito Penal é eleito como instrumento privilegiado de resposta ao "conjunto de práticas" que se convencionou chamar ora de "terrorismo", ora de "crime organizado", ora, simplesmente, de "imigração irregular". E, no ambiente de "guerra global", passou-se a preconizar a expansão do raio de intervenção do Direito Punitivo, bem como a destacar a importância de se relegarem ao segundo plano princípios e garantias que davam sustentação à sua teorização liberal, em nome de uma maior eficiência no "combate".

Portanto, torna-se possível a afirmação de que os conceitos de "risco" e de "expansão" ocupam o centro do processo de "modernização" do Direito Penal, expressando a ideia de que a atenção à nova realidade delitiva perpassa pela ampliação do seu campo de atuação.

Isso fica evidenciado diante da constatação de que, na evolução atual das legislações penais do mundo ocidental, verifica-se o surgimento de múltiplas figuras típicas novas e, não raro, o surgimento de setores inteiros de regulação. Além disso, constata-se uma atividade de reforma dos tipos penais já existentes, no sentido de tornar mais severas as consequências da prática delitiva.

Tais "reformas" do Direito Penal são tributárias, em grande parte, da influência cada vez maior dos meios de comunicação de massa na fase de criação ou concepção legislativa, uma vez que os *mass media* não são somente *transmissores* de opiniões e impressões, mas também *delineadores* dos limites de determinados problemas e até mesmo *criadores* de certos problemas. Isso decorre do fato de que os casos mais dramáticos, por significarem mais audiência, são divulgados *ad nauseam*, formando uma opinião pública acerca do crime e da criminalidade lastreada em discursos falaciosos gerados a partir da apresentação de casos *sui generis* como se fossem corriqueiros (Bourdieu, 1997).

E uma das chaves da compreensão desta forte vinculação entre mídia e sistema penal pode ser buscada justamente no comprometimento das empresas que exploram o negócio das telecomunicações com o empreendimento neoliberal, o que implica a criação de determinadas crenças e a consequente ocultação de informações que as desmintam. Nesse rumo, apresenta-se a pena como um rito sagrado de solução de conflitos, como panaceia universal, cujo efeito principal – conforme lembra Baratta (2000) – é o *exorcismo*.

Por outro lado, a constante exibição, na mídia, de imagens de agressões, roubos, assaltos, homicídios, etc., cria uma sensação difusa de medo e insegurança, fazendo com que a população, a partir de um processo de "importação" de discursos repressivistas gestados para atender a outros tipos de realidade social, aumente o clamor pelo recrudescimento da intervenção punitiva em nome de "mais segurança".

Isso reflete em uma pressão popular sobre os poderes públicos no sentido de que sejam buscadas soluções rápidas e eficientes para o problema da "sempre crescente criminalidade". E os poderes públicos, sabendo dos efeitos políticos positivos decorrentes do atendimento a essas demandas, respondem mediante promessas legislativas de intervenções penais mais duras e radicais e, não raro, verifica-se que os poderes públicos, inclusive, fomentam a criação de uma atmosfera de medo e insegurança em relação a determinados fatos, no intento de conseguir facilitar a aprovação de reformas legislativas ou impulsionar a população na demanda por leis mais duras.

Trata-se, em última instância, de uma utilização do Direito Penal enquanto "arma política", enquanto um "instrumento de comunicação" por meio do qual os poderes públicos deixam de se preocupar com o que pode ser *feito* de melhor para se preocupar com o pode ser *transmitido* de melhor, até porque, caso não admitam as demandas populares em prol do recrudescimento punitivo, correm o risco de perderem sua clientela eleitoral e/ou serem vistos como antiquados ou "fora de moda". Agindo de acordo com as demandas, os poderes públicos conseguem obter capital político por meio da demonstração exemplar da atividade da prática legislativa e da justiça penal (Albrecht, 2000).

Ocorre que todo esse processo tem conduzido, como adverte Pérez Cepeda (2007), em âmbito global, a uma simbiose entre as noções e conceitos que outrora separavam o Direito Penal da guerra.

Como assevera Daunis Rodríguez (2005), contemporaneamente o legislador estatal encontra-se disposto a incorporar na legislação penal mais delitos, penas mais duras e regras mais severas, sem atentar para os princípios e garantias penais e processuais clássicos, com o objetivo simbólico de conseguir uma maior eficiência em face da criminalidade e uma maior "segurança cidadã".

Intenta-se fazer a resposta punitiva mais eficiente e mais rápida, limitando ou suprimindo garantias substanciais e processuais estabelecidas a partir da tradição do Direito Penal liberal, o que representa, segundo Baratta (2000, p. 41), um retorno às formas de processo pré-modernas, onde "el proceso crea la prueba, el proceso crea el criminal, el proceso es la pena principal".

Por conseguinte, na ótica do referido autor (2000, p. 41), a partir dessas mudanças, chega-se a um "modelo totalitário de política criminal", a uma espécie de "suave inquisição", em conflito com o sistema liberal e democrático correspondente à legalidade constitucional.

Esses reflexos da acima referida indistinção conceitual entre Direito Penal e guerra – que permitem falar, em alguns casos, em um modelo de Direito Penal "de" Guerra (por mais paradoxal que isto possa parecer) – são evidenciados a partir de algumas características peculiares que passam a pautar a atuação do sistema punitivo, e que serão a seguir analisadas.

1.1. O retorno (vindicativo) da vítima

Como primeira característica digna de nota do "novo" Direito Penal, pode-se salientar uma cada vez maior identificação/solidarização do Direito Punitivo com as vítimas do crime. Deixa-se de ver no Direito Penal um instrumento de defesa dos cidadãos em face do arbítrio punitivo estatal – ou seja, como Magna Carta do delinquente – e passa-se a percebê-lo como Magna Carta da vítima.

Isso implica um consenso restritivo quanto aos riscos admitidos. O sujeito que se considera vítima potencial de um delito não aceita a consideração de determinados riscos como permitidos, o que resulta em uma definição social-discursiva expansiva do âmbito de incidência do Direito Penal: a identificação social com as vítimas da criminalidade redunda na reivindicação por maior eficiência na sua aplicação e/ou na reparação dos efeitos do delito (Silva Sánchez, 1999).

Silva Sánchez (1999) destaca, nesse sentido, o papel desempenhado pelas associações de vítimas e pelas ONG's enquanto "gestoras atípicas da moral" que encabeçam movimentos que pugnam pela expansão punitiva para a proteção dos interesses que defendem (ecologistas, feministas, consumidores, etc.).[9]

Em decorrência disso, o princípio da "neutralização da vítima" – segundo o qual o papel por ela desempenhado no Direito Penal deve ser limitado de forma a não condicionar o interesse público que subjaz à intervenção punitiva – é mitigado. Por um lado, pelas pressões exercidas pelas ONG's e associações acima referidas; e, por outro, porque se descobriu a "importância política" das vítimas.

Chevallier (2009, p. 140), na esteira de Lipovetsky, refere o surgimento de uma "sociedade da compaixão", hipersensível ao sofrimento das vítimas que os meios de comunicação expõem em cena. Segundo o autor, para ver reconhecer as reivindicações das vítimas, "os indivíduos e os grupos são [...] conduzidos a desenvolver 'estratégias de vitimização', a fim de obter o apoio da opinião pública – com o risco de desencadear uma 'competição entre as vítimas'". Correlativamente a isso, "prevalece a ideia de que, atrás de todo dano sofrido, existe necessariamente um autor, que deve ser procurado e condenado: o destino

---

[9] Sobre o papel das ONG's e das associações Pérez Cepeda (2007, p. 311) refere que elas "actúan como *lobbies* de presión frente a los gobiernos, pero también sensibilizan a la opinión pública sobre determinadas situaciones que hasta el momento de forma interesada se mantienen invisibles".

ou a fatalidade não poderiam ser invocados; os danos devem ser imputados a um responsável".

Com efeito, uma população com "medo" do crime identifica-se antes com a figura das vítimas que com a figura dos delinquentes, razão pela qual, utilizando-se das vítimas como instrumentos de comunicação política, atende-se – de forma politicamente rentável, é claro – aos anseios da sociedade. Na análise de Garland (2005, p. 241),

> si las víctimas fueron alguna vez el resultado olvidado y ocultado del delito, ahora han vuelto para vengarse, exhibidas públicamente por políticos y operadores de los medios masivos de comunicación que explotam permanentemente la experiencia de la víctima en función de sus proprios intereses. La figura santificada de la víctima que sufre se há convertido en un producto apreciado en los circuitos de intercambio político y mediático y se colocan individuos reales frente a las cámaras y se los invita a jugar ese papel, muchas veces conviertiéndose, durante el proceso, en celebridades mediáticas o activistas de movimientos de víctimas.

Nesse sentido, é forte a tendência dos partidos políticos na "instrumentalização" das vítimas para anunciar e promulgar leis penais, as quais assumem, não raras vezes, os seus nomes. No cenário brasileiro, o exemplo mais recente e expressivo desta característica é a Lei Maria da Penha (Lei nº 11.340/06), que instituiu tratamento mais severo para os acusados de "violência doméstica", tendo sido assim nomeada em homenagem a uma vítima deste tipo de violência, que, agredida pelo marido por anos a fio, acabou ficando paraplégica.[10]

Nesse contexto, a relação entre vítimas e delinquentes representa um jogo de soma zero, pois qualquer expectativa dos segundos, por exemplo, em relação a garantias

---

[10] Segundo Garland (2005, p. 241), "los nombres dados a las leyes y medidas penales [...] intentan honrarlas de este modo, aunque indudablemente exista en esto una forma de explotación, ya que el nombre del individuo se utiliza para neutralizar las objeciones a medidas que por lo general no son más que leyes que expresan el deseo de venganza que se aprueban para ser exhibidas públicamente y obtener ventajas políticas".

processuais ou benefícios penitenciários, é compreendida como uma perda para as primeiras, que as veem como agravos ou formas de elidir as consequências da condenação. Por outro lado, todo avanço na melhora da atenção às vítimas do delito implica um agravamento das condições existenciais dos delinquentes (Díez Ripollés, 2007).[11] Isso resulta, na ótica do sobredito autor (2007, p. 77-78), em uma inversão de papéis:

> Es ahora la víctima la que subsume, dentro de sus propios intereses, los intereses de la sociedad; son sus sentimientos, sus experiencias traumáticas, sus exigencias particulares los que asumen la representación de los intereses públicos; éstos deben particularizarse, individualizarse, en demandas concretas de víctimas, afectados o simpatizantes.

Garapon (2010, p. 122) reflete, a propósito do retorno da vítima ao centro do Direito Penal, que "le sens de la peine n'est plus référé à des valeurs substantielles partagées par tous mais à une attente de reconnaissance individuelle (dont la satisfaction est néanmoins une valeur commune)". Para o autor (2010, p. 125), a pena deixa de ser "sofrimento em retribuição" para se tornar "reconhecimento", no sentido duplo de confissão dos fatos e de aceitação do outro: "puisque le mal est défection de l'imagination du semblable, la justice est la dramatisation de ce face-à-face, la mise en scène de cette 'reconnaissance'".

A esse respeito, deve-se considerar que não existem várias maneiras de regular a violência dentro de uma sociedade, mas essencialmente duas: ou uma integração moral elevada garantida por uma instituição central, ou, ao contrário, por uma grande autonomia deixada aos indivíduos que lhes dá a tarefa de restaurar a ordem. Um é o modelo *retributivo*, o outro, o modelo *restitutivo*. Nesse

---

[11] Sobre o tema, Garland (2005, p. 241) assevera que o "el juego de suma cero que existe entre unos y otros asegura que cualquier demostración de compasión hacia los delincuentes, cualquier mención de sus derechos, cualquier esfuerzo por humanizar su castigo, puede ser fácilmente considerado un insulto a las víctimas y sus familias".

sentido, ao encontrar seu centro de gravidade não mais dentro da lei, mas na reparação do ultraje feito à vítima, a pena neoliberal nos faz passar do primeiro modelo ao segundo, onde o essencial não é tanto pagar um tributo à lei ou assumir um compromisso de se reformar (porque o mal não é mais produto de uma má intenção) mas sim de restituir à vítima a parte que lhe foi tomada (Garapon, 2010).

1.2. O legislador "cool" e a politização do Direito Penal

Uma outra característica do Direito Penal contemporâneo, que decorre da anterior, é a sua *politização*. Passa-se a utilizar politicamente a noção de segurança, o que pode ser visto como o resultado de um empobrecimento ou simplificação do discurso político-criminal, que passa a ser orientado tão somente por campanhas eleitorais que oscilam ao sabor das demandas conjunturais midiáticas e populistas, em detrimento de programas efetivamente emancipatórios (Pérez Cepeda, 2007).

Como refere Garland (2005, p. 192):

El *político*, que suele ver las iniciativas de políticas públicas en términos de su atracción política y en relación con otras posiciones políticas, actúa en el marco del horizonte temporal de la competencia eleitoral, a la luz de la publicidad obsesiva de los medios masivos de comunicación y se basa fundamentalmente en un saber "político" – sobre la opinión pública, las preferências de grupos focales, las tácticas de la oposición y los resultados de la investigación científica. Las iniciativas de políticas públicas son frecuentemente reactivas, desencadenadas por eventos particulares y deliberadamente partisanas. Como consecuencia, tienden a ser apasionadas e improvisadas, construidas en torno a casos impactantes pero atípicos y a estar más preocupadas de ajustarse a la ideologia política y a la percepción popular que al conocimiento experto o a las capacidades comprobadas de las instituciones.

Afinal, nenhuma outra parcela do ordenamento jurídico é mais sensível às variações ideológicas do que o Direito Penal. A influência dos câmbios políticos nas leis punitivas é evidente com uma análise fugaz da história dos povos. O direito de castigar expressa, em grande medida, a ideologia e, por consequência, as convicções ou falta de convicções jurídicas de uma determinada sociedade. O Direito Penal se apresenta como um instrumento a serviço da política criminal e esta é uma parte da política geral do Estado, o que converte o Direito Penal em um instrumento político (Cueva, 2002).

No contexto atual, o Direito Penal passa a ser visto enquanto "arma política", ou seja, como um "instrumento de comunicação" por meio do qual os poderes públicos deixam de se preocupar com o que pode ser *feito* de melhor para se preocupar com o pode ser *transmitido* de melhor. Isso decorre do fato de que, caso os poderes públicos não admitam as demandas populares em prol do recrudescimento punitivo, correm o risco de perderem sua clientela eleitoral e/ou serem vistos como antiquados ou "fora de moda". Agindo de acordo com as demandas, por outro lado, eles conseguem obter capital político por meio da demonstração exemplar da atividade da prática legislativa e da justiça penal – tornam-se, portanto, "cool", na expressão de Zaffaroni (2007).

1.3. A criminologia do fim da história e a derrocada do ideal da reabilitação

Uma terceira característica apresentada pelo Direito Penal contemporâneo é a derrocada do ideal da reabilitação enquanto função da pena. Como assevera Garapon (2010, p. 118), a pena neoliberal não tem mais a ambição de reabilitar os criminosos:

Peut-être parce que la perspective d'une transformation de l'individu est étroitement liée à um espoir collectif. Le Code pénal, a été redige par des révolutionnaires qui croyaient que la liberté rendrait les hommes meilleurs et qu'elle tarirait nombre de comportements vicieux. Le modèle thérapeutique a eté par l'essor de la médecine, de l'anthropologie et de la psychologie qui fondaient l'attente d'une possible guérison. Le néolibéralisme introduit une rupture par son pessimisme. Désormais c'est dans lês sciences cognitives et le capital génétique que l'on cherche la vérité d'un homme, sa predestination á la vilence, car il n'y a destin que là oú il n'y a plus d'histoire.

É por isso que o autor (2010) refere que o modelo neoliberal é caracterizado por uma criminologia do fim da história, que perdeu toda a esperança de mudar o mundo, mas que demanda aos indivíduos apenas *adaptação*. Diferentemente do modelo disciplinar – que era ao mesmo tempo segregativo e assistencialista – o modelo atual repousa sobre um modelo adaptativo-eficientista. O controle preventivo não tem outro propósito além de impedir a ocorrência do evento criminoso. E, em razão disso, "toutes les perspectives d'amélioration des conditions de vie, de transformation de l'individu sont abandonnées, comme des chimères peut-être mais surtout comme des données non mesurables et donc aléatoires, sujettes toujours à discussion." (Garapon, 2010, p. 136).

Alguns exemplos disso podem ser mencionados. Em primeiro lugar, pode-se falar da Lei francesa que trata da Retenção por Segurança (Retention de sûreté), criada em 2008 pelo governo Sarkozy. Referida lei permite a prolongação indeterminada da pena de um criminoso reincidente quando pesa sobre ele a suspeita de "periculosidade". Isso mostra, segundo Delmas-Marty (2010), que "on ne le punit pas pour sa faute mais on le neutralise comme on le ferait d'un animal dangereux".

Da mesma forma, o bracelete eletrônico e a castração química, duas inovações recentes, conduzem àquilo a que Garapon (2010) denomina "coração da pena neoliberal".

O bracelete eletrônico é visto como uma maneira de resolver a equação posta pelo aumento da repressão, por um lado e, de outro, para manter as prisões habitáveis, não muito lotadas, contendo, reflexamente, os orçamentos. Isso porque o referido equipamento permite acompanhar um detento em sua residência, além de traçar todos os seus deslocamentos.[12] No Brasil, desde junho de 2010, quando foi publicada a Lei nº 12.258/2010, admite-se a utilização dessa tecnologia. Referida lei, além de provocar mudanças nas regras de saída temporária de presos, alterou a redação da Lei de Execução Penal (Lei nº 7.210/1984), de forma a permitir a monitoração eletrônica de condenados do regime semiaberto quando em saída temporária, bem como dos que estiverem em prisão domiciliar.

Já a expressão "castração química" designa uma regulação medicamentosa da libido.[13] A expressão tira sua

---

[12] O monitoramento eletrônico de condenados já uma realidade em vários países, a exemplo da Inglaterra – onde a medida existe desde 1999, tendo sido instituída pelo Programa *Home Detention Curfew* – de Portugal – onde existe desde 2002 – da Austrália, da Suécia, da Escócia, da Argentina e dos EUA, entre outros. O estudo de autoria de Carlos Roberto Mariath intitulado "Monitoramento Eletrônico: Liberdade Vigiada" (disponível em http://portal.mj.gov.br/main.asp?view={57DC54E2-2F79-4121-9A55-F51C56355C47}&BrowserType=NN&LangID=pt-br) detalha essas experiências.

[13] Entende-se por castração química a utilização de substâncias que, por meio do bloqueio do hormônio sexual masculino (testosterona), cessam a libido, controlando o desejo e o impulso sexual. A primeira proposta de utilização desse método surgiu nos Estados Unidos e previa a injeção de uma substância que impedia de forma irreversível a ereção. No entanto, o método não impediria que o indivíduo tivesse os impulsos sexuais compulsivos. Buscando uma "melhor" solução, pesquisadores chegaram a sugerir a remoção dos testículos, responsáveis pela produção de quase 95% da testosterona. Mas partindo de estudos na área neuroquímica, chegou-se à conclusão de que a "anomalia" se dá pela quantidade de hormônios masculinos acima do normal. Desse modo, a castração química mais aceita atualmente é a inibição da produção da testosterona, que é feita com a introdução de Depo-Provera, uma versão sintética da progesterona (hormônio feminino pró-gestação). Todavia, este procedimento pode gerar efeitos colaterais como o desenvolvimento de diabetes, fadiga crônica, alterações na coagulação sanguínea e ocorrência de depressão. Informações disponíveis em: <http://www.ibccrim.org.br/site/noticias/conteudo.php?not_id=13853>. Acesso em: 22 ago. 2011.

força do cruzamento de dois fantasmas. De uma vingança arcaica, em primeiro lugar (olho por olho, dente por dente, castração dos violadores), que oferece uma revanche para aqueles que não se recuperaram da supressão da pena de morte. A dimensão restitutiva não está totalmente ausente, quer através da ideia de remover algo do delinquente, como se se operasse uma troca obscura entre a diminuição da capacidade de agir que ele infligiu à sua vítima e que agora lhe está sendo imposta. A pena consiste em inibir o centro do poder masculino, mas sem tocar o corpo, porque ela usa para isso – segundo fantasma – a ciência. Opera-se assim uma espécie de retração da pena democrática para a arcaica, mas um arcaico para saciar aos mais modernos. Em realidade uma neutralização máxima, a castração química cumula as funções repressiva e preventiva da pena: ela é ao mesmo tempo uma medida de segurança e punição (Garapon, 2010).

Segundo o já referido autor (2010, p. 139-140):

> La castration chimique revient à emprisioner le désir à l'interieur du sujet, et uniquement le désir; le strict minimum en quelque sorte. En étant censé neutraliser le siège de la pulsion, le médicament assume l'idée d'une altérité de la pulsion (qui n'est pás si éloignée de l'idée ancienne de possession). Agir sur le comportement, c'est agir sur le désir (comme le confirme le projet imaginé un instant, de lutter contre l'absentéisme scolaire en offrant une prime aus eleves assidus). La peine ne parle plus á la raison, ne fait plus appel au sens moral, mais localise le siège du mal qui sera aussi la cible de la prévention: le désir, mais ramené à sa composante biochimique: ou, plus exactement encore, la pulsion (ce qui montre un point supplémentaire de comparaison avec le vitalisme). La cause du comportement dengereux est recherchée dans um surplus de testostérone, ce qui induit une réponse d'ordre moléculaire. Il n'y a plus aucune dimension morale: le crime est ramené à une cause strictement physiologique. C'est tout à fait coherent avec le postulat néolibéral qui situe la determination du comportement dans l'organique voire la génétique.

No Brasil, já foram apresentadas na Câmara dos Deputados propostas para punir o estupro com castração química. A proposta do deputado Sandes Júnior (GO) foi rejeitada e devolvida ao autor por desobedecer a Constituição Federal (artigo 5º, inciso XLVII, alínea "e"), segundo a qual "não haverá penas cruéis" na legislação brasileira. No Senado, versando sobre o tema, há o PL 552/2007, que está arquivado.

Estas duas penas – bracelete eletrônico e castração química – seguem o rastro do indivíduo, elas aderem à sua pele e até mesmo penetram em seu organismo. São penas *incorporadas*. O sujeito não pode se separar de sua pena. Elas são penas não localizadas e ambulatórias, que seguem o indivíduo, que o acompanham o tempo todo. Elas tendem a otimizar a liberdade e a segurança. Podemos conciliá-las com a biometria: a securitização passa por uma incorporação, ou por uma biologização das medidas de controle (Garapon, 2010).

Referida mudança no pensamento criminológico é acompanhada da repristinação da "tese da escolha racional", segundo a qual o crime é concebido como um problema de indisciplina, de falta de autocontrole ou de controle social deficiente:

> El modelo da la elección racional considera los actos delictivos como una conducta calculada que intenta maximizar los benefícios, como consecuencia de un proceso simple de elección individual. Este modelo representa el problema del delito como una cuestión de oferta y demanda, en el marco de la cual el castigo opera como un mecanismo de establecimiento de precios. Considera a los delincuentes como oportunistas racionales o delincuentes profesionales cuya conducta es disuadida o desinhibida por la puesta en marcha de desincentivos, un enfoque que hace da las penalidades disuasivas un mecanismo evidente de reducción del delito. (Garland, 2005, p. 220).

Não há, portanto, discutir os motivos que levam alguém a delinquir, uma vez que "a justiça está aí para punir os culpados, indenizar os inocentes e defender os interesses dos cidadãos que respeitam a lei." (Murray *apud* Wacquant, 2001, p. 50).

1.4. A antecipação do risco (ou o Direito Penal no pretérito imperfeito do subjuntivo)

Do exposto no tópico precedente, outra característica que merece destaque é a cada vez maior instrumentalização do Direito Penal no sentido de evitar que os riscos se convertam em situações concretas de perigo. Assim, no lugar de um Direito Penal que relacionava *a posteriori* contra um feito lesivo individualmente delimitado, surge um Direito Penal de gestão punitiva dos riscos em geral, tornando-se possível falar em um processo de *administrativização* do Direito Penal, que traz em seu bojo uma supervalorização e o consequente incremento punitivo de infrações de deveres de cuidado, de forma a dar resposta não só aos delitos de perigo abstrato, mas também aos chamados delitos de acumulação[14], no marco da luta contra as novas formas de criminalidade (Silva Sánchez, 1999).

Garapon (2010) destaca, a propósito, que não é mais o presente o tempo de referência, mas o futuro, um futuro antecipado e planejado nas suas mais negras possibilidades. Dá má intenção, o Direito Penal neoliberal "glisse vers l'imprudence, le défaut de vigilance, c'est-à-dire l'absence d'anticipation (vertu cardinale du néolibéralisme pour qui l'acteur de marche doit anticiper le comportement des autres)." (Garapon, 2010, p. 115).

Neste contexto, se uma lei é transgredida, o dano objetivo a que visa o Direito Penal contemporâneo é um suposto resultado de uma má avaliação do risco, de uma

---

[14] Os delitos de acumulação são aqueles que, enquanto condutas individuais, não causam, por si sós, lesão ou perigo a bens jurídicos, mas que, considerados em conjunto – ou seja, se praticados por outros sujeitos –, conduzem a uma situação de lesão ao bem jurídico tutelado. Segundo Silva Sánchez (1999, p. 108-109), trata-se, aqui, "de casos en que la conducta individualmente considerada no muestra un riesgo relevante (es *harmless*), mientras que, por outro lado, se admite que *general performance would be harmful* y que dicha realización por una pluralidad de personas no constituye simplemente una hipótesis, sino que es una realidad actual o inminente".

falta de vigilância. E essa nova penalogia se funda sobre a criminologia atuarial que consiste em encontrar as características recorrentes de um comportamento humano para melhor prevê-lo. Se o perfil do predador sexual é predefinido por uma dezena de características objetivas, a polícia vai se concentrar sobre esses perfis e relaxar a vigilância sobre os outros (Garapon, 2010). Nas palavras de Delmas-Marty (2010), organiza-se "la traçabilité des personnes sur le modèle de la traçabilité des marchandises. Nous pourrions tous devenir des suspects sous surveillance".

Ocorre que o método atuarial é baseado em uma completa descontextualização e a-historicização dos eventos. Encontramos a dimensão especular do neoliberalismo que pretende simplesmente devolver de maneira mais fina a realidade do comportamento dos indivíduos. A criminologia atuarial homogeiniza e particulariza ao mesmo tempo. Os dados estatísticos que ela utiliza promovem a dimensão científica e sociológica desta "nova penalogia", em detrimento do humanismo (Garapon, 2010).

Como assevera Garland (2005, p. 52):

Las teorías que ahora moldean el pensamiento y la acción oficial son *teorías del control*, de diversas clases, que consideran el delito como un problema, no de privación, sino de control inadecuado. Controles sociales, controles situacionales, autocontroles: éstos son ahora los temas dominantes de la criminología contemporánea y de las políticas de control del delito a las que han dado origen.

Verifica-se que, ao contrário das teorias criminológicas que viam no delito um processo de socialização insuficiente e que, portanto, reclamavam do Estado a ajuda necessária para aqueles que haviam sido privados de provisões econômicas, sociais e psicológicas necessárias para uma conduta social respeitosa à lei, as teorias do controle partem de uma visão pessimista da condição humana ao suporem que os indivíduos são atraídos por condutas egoístas, antissociais ou delitivas a menos que sejam inibidos por controles sólidos e efetivos (Garland, 2005).

Assim, "mientras la antigua criminología exigía mayores esfuerzos en las partidas presupuestarias a la ayuda y el bienestar social, la nueva insiste en ajustar los controles y reforzar la disciplina." (Garland, 2005, p. 53). Isso porque se parte da compreensão de que os delinquentes são atores racionais que respondem a desincentivos e são plenamente responsáveis por seus atos delitivos. Nessa lógica, os delinquentes apenas "aproveitam" as oportunidades que lhes são apresentadas para a prática delitiva, razão pela qual as soluções que se apresentam para essas "tentações" transitam por duas vias principais: a) pelo reforço dos efeitos intimidatórios e reafirmadores da vigência das normas, próprios de penas suficientemente graves, a fim de que os delinquentes possam, por meio de um processo racional, incorporar esses "custos" em seus cálculos, desistindo, assim, da prática delitiva; b) pelo desenvolvimento de políticas de prevenção situacional que deslocam a atenção do delinquente do delito, buscando reduzir as oportunidades delitivas e as tornar menos atrativas pela incorporação de medidas de segurança de todo tipo (Díez Ripollés, 2007).

Sintetizando os argumentos centrais do novo pensamento criminológico, Garland (2005, p. 53) sustenta que:

> Un rasgo importante de este enfoque es que impulsa que la acción publica desplace su focalización en el delito y el individuo delincuente hacia el evento delictivo. El nuevo foco de atención es la existencia de oportunidades delictivas y de "situaciones criminógenas". El supuesto es que las acciones delictivas se darán habitualmente si no existen controles y hay blancos atractivos disponibles, tengan o no los individuos una "disposición delincuente" (que, en el caso de que exista es, de todos modos, difícil de cambiar). Se debe centrar la atención no en los individuos sino en los hábitos de la interacción, el diseño espacial y la estructura de controles e incentivos que está presente en los mismos. La nueva orientación política intenta concentrarse en sustituir la cura por la prevención, reducir la disponibilidad de oportunidades, incrementar los controles situacionales y sociales y modificar las rutinas cotidianas. El bienestar de los grupos sociales desfavorecidos o las

necesidades de los individuos inadaptados son mucho menos medulares para este modo de pensar.

Pérez Cepeda (2007) salienta, a propósito, que se vive na contemporaneidade uma autêntica "cultura preventiva", na qual a prevenção acompanha o risco como uma sombra, desde os âmbitos mais cotidianos até os de maior escala, cujo exemplo maior são as guerras preventivas. Para a referida autora (2007, p. 321):

> Parece que hoy la preocupación social no es tanto cómo obtener lo que se desea, sino cómo prevenir de daños lo que se tiene. Esto desemboca en una intervención penal desproporcionada, en la que resulta priorita únicamente la obtención del fin perseguido, la evitación del riesgo en el "ámbito previo" a la lesión o puesta en peligro, adelantando la intervención penal, o general, suprimiendo garantías en busca de la presunta eficacia.

Este adiantamento da intervenção do Direito Penal ao estágio prévio à lesão do bem jurídico é um dos traços mais marcantes da nova *doxa* punitiva. Na lição de Pérez Cepeda (2007, p. 313), configura-se uma legislação penal no pretérito imperfeito do subjuntivo, a partir da qual "los comportamientos que se van a tipificar no se consideran previamente como socialmente inadecuados, al contrario, se criminalizan para que sean considerados como socialmente desvalorados". Com isso, há uma revitalização da ideia do Direito Penal enquanto força conformadora de costumes, ou seja, passa-se a ver no Direito Penal um mecanismo de orientação social de comportamentos.

Para adiantar a intervenção punitiva são utilizadas estruturas típicas de mera atividade, ligadas aos delitos de perigo abstrato, em detrimento de estruturas que exigem um resultado material lesivo (perigo concreto). Nesse sentido:

> Se generaliza el castigo de actos preparatórios específicamente delimitados, se autonomiza la punición de la asociación delictiva, cuando no se integra ésta dentro de las modalidades de autoria y participación, además se aproximan, hasta llegar a veces e neutralizarse, las dife-

rencias entre autoria y participación, entre tentativa y consumación, de la misma manera se considera razonable uma cierta flexibilización de los requisitos de la causalidad o de la culpabilidad. (Pèrez Cepeda, 2007, p. 332).

Na linha do até aqui exposto, cumpre referir – em relação ao controle dos fluxos migratórios na União Europeia – o surgimento dos chamados "delitos de solidariedade". Na França, o governo Sarkozy promoveu a inserção do artigo L 622-1 no Código de Entrada e Residência de Estrangeiros e do Asilo, prevendo que:

> Toute personne qui aura, par aide directe ou indirecte, facilité ou tenté de faciliter l'entrée, la circulation ou le séjour irréguliers, d'un étranger en France sera punie d'un emprisonnement de cinq ans et d'une amende de 30 000 Euros.
>
> Sera puni des mêmes peines celui qui, quelle que soit sa nationalité, aura commis le délit défini au premier alinéa du présent article alors qu'il se trouvait sur le territoire d'un Etat partie à la convention signée à Schengen le 19 juin 1990 autre que la France.
>
> Sera puni des mêmes peines celui qui aura facilité ou tenté de faciliter l'entrée, la circulation ou le séjour irréguliers d'un étranger sur le territoire d'un autre Etat partie à la convention signée à Schengen le 19 juin 1990.
>
> Sera puni de mêmes peines celui qui aura facilité ou tenté de faciliter l'entrée, la circulation ou le séjour irréguliers d'un étranger sur le territoire d'un Etat partie au protocole contre le trafic illicite de migrants par terre, air et mer, additionnel à la convention des Nations unies contre la criminalité transnationale organisée, signée à Palerme le 12 décembre 2000.
>
> Les dispositions du précédent alinéa sont applicables en France à compter de la date de publication au Journal officiel de la République française de ce protocole.[15]

No mesmo sentido, o art. 318 bis do Código Penal espanhol, após redação conferida pela Lei Orgânica 11/2003,

---

[15] Disponível em: <http://www.legifrance.gouv.fr/affichCode.do;jsessionid=1AC7AE3B2EADB8C2DBBF3FB24778E324.tpdjo14v_1?idSectionTA=LEGISCTA000006147789&cidTexte=LEGITEXT000006070158&dateTexte=20080505>. Acesso em: 26 ago. 2010.

comina uma pena de quatro a oito anos de prisão a quem "directa o indirectamente, promueva, favorezca o facilite el tráfico ilegal o la inmigración clandestina de personas desde, en tránsito o con destino a España, o con destino a otro país de la Unión Europea". Em comentário ao referido tipo legal, Martínez Escamilla (2007) refere que se trata de um claro exemplo de expansão do Direito Penal, uma vez que o legislador, dentre todas as condutas de favorecimento que poderia ter optado criminalizar pela sua gravidade – como, por exemplo, a concorrência de ânimo de lucro, a atuação no marco de uma organização delitiva, etc. –, levou a cabo uma regulação onicompreensiva, o mais ampla possível, com a finalidade de criminalizar, nos termos do dispositivo sob análise, qualquer comportamento relacionado com a imigração irregular que de alguma forma, "direta ou indiretamente" a favoreça. Notas características de um Direito Penal que se antecipa à efetiva lesão dos bens jurídicos!

1.5. A flexibilização/supressão das garantias e a busca pelas provas indiscutíveis

Paralelamente à antecipação da intervenção punitiva, verifica-se um desapreço cada vez maior pelas formalidades e garantias penais e processuais penais características do Direito Penal liberal, que passam a ser consideradas como "obstáculos" à eficiência que se espera do sistema punitivo diante da insegurança da contemporaneidade. A "célebre" afirmação de Donald Rumsfeld de que não se ocupava de aspectos legais, por não ser advogado – ao se referir às denúncias de violação aos direitos humanos dos prisioneiros de Guantánamo –, talvez seja a frase que melhor ilustre isso.

Com efeito, a partir do fenômeno expansivo vivenciado pelo Direito Penal, além do incremento dos comportamentos elevados à categoria delitiva por meio da antecipação da intervenção punitiva ao estágio prévio à efetiva lesão dos bens jurídicos, verifica-se um processo de flexibilização das garantias político-criminais materiais e processuais, mediante o desrespeito ao princípio da legalidade penal, à redução das formalidades processuais, à violação ao princípio da taxatividade na elaboração dos tipos penais e à violação ao princípio da culpabilidade.

Atenta a esta realidade, Pérez Cepeda (2007, p. 330-331) assevera que:

> Aparecen significativas modificaciones en el sistema de imputación de responsabilidad y en el conjunto de garantías penales e procesales, en la medida en que se admiten ciertas perdidas en el principio de seguridad jurídica derivadas de la menor precisión en la descripción de los comportamientos típicos y del uso frecuente de la técnica de las leyes penales en blanco, que confia la delimitación del ámbito de lo prohibido a la normativa administrativa, con el consiguiente vaciamiento de la antijuridicidad, que pasa a ser puramente formal; se hace una interpretación generosa de la lesividad real o potencial de ciertos comportamientos, como en la punición de determinadas tenencias o en el castigo de desobediencias.[16]

É justamente esta última característica que suscita o debate a respeito da (im)possibilidade de utilização de bancos de perfis genéticos – considerado enquanto "provas indiscutíveis" – para fins de persecução criminal no Brasil.

---

[16] Da mesma forma assevera Díez Ripollés (2007, p. 137), que "se admiten ciertas perdidas en el principio de seguridad jurídica derivadas de la menor precisión en la descripción de los comportamientos típicos y del uso frecuente de la técnica de las leyes penales en blanco; se hace una interpretación generosa de la lesividad real o potencial de ciertos comportamientos, como en la punición de determinadas tenencias o en el castigo de apologías; se considera razonable una cierta flexibilización de los requisitos de la causalidad o de la culpabilidad; se aproximan, hasta llegar a veces a neutralizarse, las diferencias entre autoría y participación, entre tentativa y consumación; se revaloriza el principio de disponibilidad del proceso, mediante la acreditación del principio de oportunidad procesal y de las conformidades entre las partes; la agilidad y celeridad del procedimiento son objetivos lo suficientemente importantes como para conducir a una sgnificativa redución de las posibilidades de defensa del acusado... etc.".

Com efeito, o genoma humano constitui o conjunto de todo o material genético, ou seja, de todos os fatores hereditários da pessoa contidos nos cromossomos, entendendo-se que todas as células do organismo humano contêm essa informação genética. Logo, pode-se afirmar que o genoma é informação "sobre cada individuo, sobre su familia biológica y sobre la especie a la que pertenece" (Romeo Casabona, 2002, p. 4).

Trata-se, portanto, o genoma, de uma informação genética que pode ser considerada "tridimensional", uma vez que abarca ao mesmo tempo um aspecto individual, familiar e universal. Nesse sentido, Nicolás Jiménez (2006, p. 53) afirma que "el genoma de un individuo abarca dos elementos: el elemento material (base física, que es la molécula de ADN) y el elemento inmaterial (la información que portan los genes)".

Em face dessa característica ínsita ao genoma, Guerrero Moreno (2008, p. 224) afirma que a informação genética, juntamente com os avanços científicos, faz com que os seres humanos se tornem mais vulneráveis e transparentes, sendo que essa "transparencia posibilita claramente el control de los individuos, con el consiguiente menoscabo de su autonomía y derechos, fundamentalmente por las posibilidades de utilizar el perfil genético para discriminar a las personas en las más diversas facetas de su vida".

Na ótica de Álvarez (2007, p. 20), essa "transparência" a que as informações genéticas expõem os indivíduos gera um receio em nível social de um possível mau uso desses dados, os quais são suscetíveis de ser apropriados para "la creación de una nueva casta o grupos de exclusión en base a deficiencias genéticas", razão pela qual o autor salienta que "frente a las ventajas de su utilización" existe "un consenso generalizado sobre la necesidad de imponer límites a ésta".

Diante dessa conceituação, pode-se afirmar que os dados genéticos podem ser considerados "dados sensíveis", ou seja, informações relativas a questões extraordinariamente delicadas, intimamente unidas ao núcleo da personalidade e da dignidade humana. Tratam-se, portanto, de dados que têm uma especial incidência na vida privada, e que podem representar um risco para práticas discriminatórias (Garriga Domínguez, 2004). Com efeito, na expressão de Pérez Luño (1990, p. 152), dados sensíveis são "aquellos que tienen una especial incidencia en la vida privada, en el ejercicio de las liberdades o riesgos para prácticas discriminatorias".

A propósito do tema, Álvarez (2007, p. 20) destaca que "los datos genéticos son datos extremadamente sensibles, pues no solo informan acerca de las posibles enfermedades y características de un individuo, sino que constituyen probablemente uno de los aspectos más íntimamente relacionados con su dignidad, su identidad y con su personalidad".

Nesse sentido, a Declaração Universal sobre o Genoma e Direitos Humanos, aprovada pela XXIX Comissão da Conferência Geral da UNESCO, em 11 de novembro de 1997, proíbe toda discriminação por razões genéticas, e estabelece a obrigação de proteger a confidencialidade dos dados genéticos associados a uma pessoa identificável, conservados ou tratados com fins de investigação ou qualquer outra finalidade.

Por seu turno, a Declaração Internacional sobre Dados Genéticos Humanos, aprovada pela Conferência Geral da UNESCO de 16 de outubro de 2003, que tem por objetivo garantir o respeito da dignidade humana e a proteção dos direitos humanos e das liberdades fundamentais em matéria de coleta, tratamento, utilização e conservação de dados genéticos humanos, tendo em conta a igualdade, a justiça e a solidariedade, reconhece que:

> Los datos genéticos humanos son singulares por su condición de datos sensibles, toda vez que pueden indicar predisposiciones genéricas de los individuos, y que esa capacidad predictiva que presenta cualquier

tipo de datos puede ser mayor en el caso de los datos genéticos, que no debemos de olvidar que es un determinado tipo de datos sanitarios, y esta especial importancia que presentan los datos genéticos, pasa porque su conocimiento puede tener consecuencias importantes para la familia, ya que pueden contener información cuya relevancia no se conozca necesariamente en el momento de extraer las muestras biológicas, y que pueden ser de vital importancia desde el punto de vista cultural para personas o grupos.

O art. 2º da referida Declaração define o dado genético como "cualquier información sobre las características hereditarias de las personas, obtenida por análisis de ácidos nucleicos u otros análisis científicos".

Em que pese essas Declarações da UNESCO, no âmbito da União Europeia, não há uma regulação específica a respeito da proteção aos dados genéticos. A Diretiva 95/46/CE, do Parlamento Europeu e do Conselho, "relativa a la protección de las personas físicas en lo que respecta al tratamiento de datos personales y a la libre circulación de estos datos", diz genericamente que se deve compreender por dados pessoais "toda información sobre una persona física identificada o identificable (el interesado); se considerará identificable toda persona cuya identidad pueda determinarse, directa o indirectamente, en particular mediante un número de identificación o uno o varios elementos específicos, característicos de su identidad física, fisiológica, psíquica, económica, cultural o social".[17]

Nesse sentido, em âmbito Comunitário, um avanço no tratamento da matéria foi trazido pela Carta dos Direitos Fundamentais da União Europeia, de 7 de dezembro de 2000, que, no capítulo II, ao tratar das "Liberdades", dedica o artigo 8 à proteção de dados de caráter pessoal, configurando-a como um direito ao indicar:

---

[17] Conforme artigo 2, a, da Diretiva 95/46/CE do Parlamento Europeu e do Conselho, publicada no Diário Oficial da Comunidade Europeia, de 23 de Noviembre de 1995.

1. Toda persona tiene derecho a la protección de los datos de carácter personal que la conciernan. 2. Estos datos se tratarán de modo leal, para fines concretos y sobre la base del consentimiento de la persona afectada o en virtud de otro fundamento legítimo previsto por la ley. Toda persona tiene derecho a acceder a los datos recogidos que la conciernan y a su rectificación.

Mesmo em face dessa carência de normatização, Guerrero Moreno (2008, p. 229-230), apresenta as características dos dados genéticos:

• La información genética es única y distingue a una persona de las demás; revela características específicas de un individuo que lo singularizan frente a cualquier otro, permitiendo su identificación, salvo en los gemelos monocigóticos.

• Puede revelar información sobre la persona y tener implicaciones para sus consanguíneos (familia biológica), incluidas las generaciones anteriores y posteriores.

• Los datos genéticos pueden caracterizar a un grupo de personas (comunidades étnicas).

• La información genética puede revelar vínculos de parentesco y familiares.

• La información genética es con frecuencia desconocida por el propio portador.

• La información genética no depende de la voluntad individual puesto que los datos genéticos son inmodificables.

• Es permanente e inalterable, ya que acompaña al individuo a lo largo de toda su vida, salvo existencia de mutaciones genéticas espontáneas o provocadas (ingeniería genética). Se halla presente prácticamente en todas las células del organismo, durante la vida e incluso después de la muerte.

• Los datos genéticos pueden obtenerse o extraerse fácilmente.

• Teniendo en cuenta la evolución de la investigación, la información genética podrá proporcionar aún más información en el futuro y ser utilizada por un número creciente de organismos con distintos fines.

• Los datos genéticos tienen la capacidad predictiva de enfermedades, en la medida que en algunos casos permite conocer anticipadamente la aparición futura de enfermedades.

Trazendo estas considerações a respeito de dados genéticos para o âmbito da sua utilização para fins de investigação/persecução criminal, um primeiro problema que se apresenta diz respeito ao fato de que, no contexto de expansão do Direito Penal, como já referido, verifica-se um desapreço cada vez maior pelas formalidades e garantias penais e processuais penais características do Direito Penal liberal, que passam a ser consideradas como "obstáculos" à eficiência que se espera do sistema punitivo diante da insegurança da contemporaneidade.

Com efeito, a partir do fenômeno expansivo vivenciado pelo Direito Penal, além do incremento dos comportamentos elevados à categoria delitiva por meio da antecipação da intervenção punitiva ao estágio prévio à efetiva lesão dos bens jurídicos, verifica-se um processo de flexibilização das garantias político-criminais materiais e processuais, mediante o desrespeito ao princípio da legalidade penal, à redução das formalidades processuais, à violação ao princípio da taxatividade na elaboração dos tipos penais e à violação ao princípio da culpabilidade.[18]

A partir da análise das novas formas de provas – indiscutíveis – buscadas na contemporaneidade, por meio dos avanços da ciência aplicados ao Direito Penal, pode-se aferir, até certo ponto, a veracidade destas afirmações. Com efeito, a ciência tem melhorado muito a busca de

---

[18] Como assevera Díez Ripollés (2007, p. 137), "se admiten ciertas perdidas en el principio de seguridad jurídica derivadas de la menor precisión en la descripción de los comportamientos típicos y del uso frecuente de la técnica de las leyes penales en blanco; se hace una interpretación generosa de la lesividad real o potencial de ciertos comportamientos, como en la punición de determinadas tenencias o en el castigo de apologías; se considera razonable una cierta flexibilización de los requisitos de la causalidad o de la culpabilidad; se aproximan, hasta llegar a veces a neutralizarse, las diferencias entre autoría y participación, entre tentativa y consumación; se revaloriza el principio de disponibilidad del proceso, mediante la acreditación del principio de oportunidad procesal y de las conformidades entre las partes; la agilidad y celeridad del procedimiento son objetivos lo suficientemente importantes como para conducir a una sgnificativa reducción de las posibilidades de defensa del acusado...etc.".

provas, a começar pelo DNA, que "inscreve" a presença de um indivíduo a partir de um cabelo, de uma lágrima ou de um vestígio de esperma. Por outro lado, a explosão das neurociências alimenta o sonho de uma verdade humana que pode ser lida por meio da ciência, como é o caso do detector de mentiras. Junte-se a isso a "medical imaging" e o "brain mapping", que representam a esperança humana de poder "fotografar os pensamentos" (Garapon, 2010).

Com a finalidade de identificar os autores de fatos delitivos têm sido criados bancos de dados genéticos em diferentes países, como nos Estados Unidos, Dinamarca, Noruega, Finlândia, Inglaterra, Escócia, Irlanda do Norte, Suécia, Holanda, França, Itália, Áustria, Eslováquia, República Tcheca, Bélgica, Hungria, Suíça, Croácia, Polônia, Alemanha e Espanha. As experiências até o momento realizadas nesses países em sede de investigação criminal têm apresentado resultados bastante positivos no que se refere à identificação de pessoas, tanto as desaparecidas, quanto de delinquentes e vítimas.

No caso brasileiro, já foi aprovada pela Comissão de Constituição, Justiça e Cidadania (CCJ) do Senado a criação de um banco de dados de DNA para que autores de crimes violentos ou hediondos possam ser identificados geneticamente. O projeto de lei do Senado (PLS) 93/11 é de autoria de Ciro Nogueira e deve ser enviado para exame da Câmara dos Deputados. Segundo o autor da proposta, o DNA é "ideal como fonte de identificação resistente à passagem do tempo e às agressões ambientais". Ainda segundo ele, a coleta dos dados genéticos deverá ser feita por meio de "técnica adequada e indolor".[19]

A matéria passou por nova votação no Senado uma vez que foi alterada por substitutivo do relator, senador

---

[19] Disponível em: <http://www.senado.gov.br/noticias/criacao-de-banco-de-dna-de-criminosos-violentos-deve-ir-a-camara.aspx?parametros=DNA>. Acesso em 04 out. 2011.

Demóstenes Torres, para o qual a identificação genética só pode ser obrigatória para condenados por crimes praticados de maneira dolosa, com violência de natureza grave, além dos qualificados como crimes hediondos.

O material genético coletado ficará armazenado na Rede Integrada de Bancos de Perfis Genéticos, que utiliza o sistema de informação "Codis" (Combined DNA Index System), desenvolvido pela Polícia Federal norte-americana e já utilizado em 30 países. No Brasil, a Rede ainda está em fase de implantação e poderá ser abastecida com vestígios deixados nos locais onde crimes foram cometidos, como sangue, sêmen, unhas, pele ou fios de cabelo.

Dentro desse cenário, convém trazer à discussão o efetivo papel do Direito Penal como tipificador de condutas proibidas: "[elas] têm um objetivo simples que as justificam: que certas formas de conduta, inclusive certas omissões, ocorram com menor frequência do que normalmente ocorreriam" (Finnis, 2007, p. 256).

Há uma nítida situação que deverá estar entre as condutas sociais, coletivamente aceitas e praticadas, e aquelas que o grupo como um todo considera inadequadas e, portanto, para elas reconhece a caracterização de uma conduta que poderá merecer a reprovação social, por meio da pena. Para tanto, "as proibições de direito penal" são permeadas por "regras e princípios de equidade processual ('devido processo legal') e equidade substantiva (devido mérito, proporcionalidade), que modificam muito substancialmente a busca do objetivo de eliminar ou minorar as formas indesejadas de conduta" (Finnis, 2007, p. 256).

Dentre os diversos aspectos elencados por John Finnis, um deles tem especial aplicação ao tema do banco de perfis genéticos: "[restringir] o processo de investigação, interrogatório e julgamento" (2007, p. 256). Neste sentido, a invasão da privacidade do acusado deverá ser evitada, pois a constituição de um banco de dados com informações genéticas amplia, de modo perigoso, a persecução criminal.

Além disso, é preciso levar em consideração que os sistemas de direito penal "são justificados porque o bem comum da comunidade é o bem de todos os seus membros; é um bem em aberto, uma participação em todos os valores básicos,[20] e sua manutenção não é um objetivo simples como aquele de manter uma trilha livre de ervas daninhas" (Finnis, 2007, p. 256-7).

É nesse viés qualitativo da organização social, onde se insere o Direito e o Processo Penal, se deverá avaliar os reais motivos da utilização de provas geneticamente construídas, não se devendo esquecer que "a sanção legal, então, deve ser uma resposta humana a necessidades humanas, e não moldadas em uma campanha de 'defesa social' contra a praga de gafanhotos, ou pardais [...] e não apenas a 'higiene social' de locais de quarentena, asilos para insanos e a prisão preventiva" (Finnis, 2007, p. 257).

Portanto, embora haja uma pressão social e da mídia pela punição dos recalcitrantes, é preciso examinar a situação com racionalidade e proporcionalidade, pois a sanção legal apenas ataca o efeito dos movimentos sociais. Desta forma, a criminalização de condutas e a utilização das modernas tecnologias deverão ser avaliados em atenção à noção de 'bem comum': "um conjunto de condições que permita que os membros de uma comunidade atinjam por si mesmos objetivos razoáveis, ou que realizem, de modo razoável, por si mesmos, o valor em nome do qual eles têm razão de colaborar uns com os outros (positiva ou negativamente) em uma comunidade" (Finnis, 2007, p. 155).

---

[20] Os valores básicos referidos são: a vida, o conhecimento, o jogo, a experiência estética, a amizade, a razoabilidade prática e a religião (FINNIS, 2007, p. 87 et seq). Para estudo detalhado desses valores básicos ou também chamados de bens humanos básicos, consultar: ENGELMANN, Wilson. *Direito Natural, Ética e Hermenêutica*. Porto Alegre: Livraria do Advogado, 2007.

Aí está o ponto central: a utilização de novas formas de persecução criminal deverá estar em sintonia com a contrapartida das condições para que cada membro do corpo social possa atingir o "bem comum". Esta é uma questão preliminar a ser enfrentada no plano político, onde se discutirá a (im)possibilidade de se adotar o banco de perfis genéticos para a formatação do conjunto probatório.

Ocorre que, fora os problemas técnicos, notadamente a fiabilidade dos métodos utilizados, que estão na sua maior parte em estágio experimental, o Direito coloca numerosas outras questões em relação a este tema.

Em primeiro lugar, tem-se a questão da onerosidade da produção dessas provas. Ou seja, que pessoas terão condições de arcar com a produção de provas cada vez mais caras? Colocando-se a mesma questão sob outro viés, também se pode questionar: não serão esses meios de prova responsáveis pelo aumento da desigualdade entre as partes no processo? Nesta linha, é preciso verificar como o "princípio da subsidiariedade" se insere na tecnologização da produção das provas no processo criminal:

> [...] esse é um princípio de justiça. Ele afirma que a função própria da associação é ajudar os participantes da associação a ajudar a si mesmos, ou, mais precisamente, a constituir-se a si próprios por meio das iniciativas individuais de escolher compromissos e de cumprir esses compromissos por meio de inventividade pessoal e esforço em projetos (Finnis, 2007, p. 147-8).

O foco não deverá ser apenas a produção das provas, mas também a concretização da justiça no caso concreto onde elas serão utilizadas. Assim, a questão também envolve um aspecto social: a persecução criminal não deverá apenas ser alinhada às novas tecnologias, mas ela deverá ser alinhada à construção de uma sociedade, onde a subsidiariedade possa ser experimentada por todos, notadamente sem se esquecer da "função social do Direito". Destarte, talvez seja o momento de se revisar a "figura" do "delinquente", pois ele sempre está "presente, mas passivo, e tem sido durante muito tempo, considerado como objeto da repressão mais do que como verdadeiro sujeito no processo penal" (Delmas-Marty, 2004, p. 139-40).

A pessoa não poderá ser objeto, ela é um ser humano. Colocando o "delinquente" como sujeito da relação processual penal, talvez haja espaço para o retorno da prática onde ele é considerado como autor, inserindo-o no contexto da subsidiaridade. Vale dizer, o grupo social será responsável pela produção da delinquência e, assim, pela sua recuperação. Tal mudança pode ser verificada pela confluência de várias técnicas, como: "o desenvolvimento dos direitos de defesa, a consideração da personalidade, a investigação rápida a fim de verificar a situação material, familiar e social do interessado ou, ainda, a disposição de modalidades de execução da pena baseadas em um espécie de contrato de confiança tácita com o juiz [*sursis*, penas alternativas e outras]" (Delmas-Marty, 2004, p. 140). A prática dessas mudanças poderá viabilizar uma mudança substancial no direito e processo penal, promovendo a participação do acusado de forma ativa e reflexiva da sua atitude. Aspecto que, na atualidade, está completamente fora da projeção sancionatória do Estado.

Por outro lado, também se pode referir que ditas "provas indiscutíveis" não necessariamente servirão – como assevera Garapon (2010) – para "minguar" o debate judiciário. Isso porque, se elas podem trazer indicações preciosas, não permitirão jamais fazer economia do debate: elas no máximo trocarão o seu objeto, que será colocado sobre a fiabilidade dessas novas ciências. Isso, segundo a ótica do sobredito autor, permite um retorno à tragédia grega: Oreste nunca contestou ter matado sua mãe, mas isso não impediu um debate judiciário; ao contrário, é em "As Eumênides" que Ésquilo melhor o ilustrou.

Outra possibilidade que se abre para a manipulação e a utilização das provas genéticas, por meio do acesso ao DNA na persecução criminal, com níveis de exatidão e certeza sem precedentes é a nanotecnologia. Adota-se, para os fins desse trabalho, a definição de nanotecnologia desenvolvida pela ISO TC 229,[21] onde se verificam duas características fundamentais:

a) produtos ou processos que estejam tipicamente, mas não exclusivamente, abaixo de 100nm (cem nanômetros);[22]

b) nesta escala, as propriedades físico-químicas são diferentes dos produtos ou processos que estejam em escalas maiores.

Um exemplo da utilização do DNA está numa pesquisa desenvolvida por cientistas da Universidade de Keio, no Japão: a equipe liderada pelo Professor Masaru Tomita se deu conta que a natureza criou uma molécula – o DNA – que representa o meio mais antigo de armazenamento de dados.

Os dados armazenados no DNA de um organismo podem ficar guardados por centenas de milhares de anos: eles simplesmente passam de geração a geração por herança genética.[23] Dentro desse contexto, os pesquisadores desenvolveram uma tecnologia para copiar e colar dados, codificados como DNA artificiais, no genoma da bactéria

---

[21] "Nanotechnology Standardization in the field of nanotechnologies that includes either or both of the following: 1.Understanding and control of matter and processes at the nanoscale, *typically, but not exclusively, below 100 nanometers* in one or more dimensions where the onset of size-dependent phenomena usually enables novel application; 2.Utilizing *the properties of nanoscale materials that differ from the properties* of individual atoms, molecules, and bulk matter, to create improved materials, devices, and systems that exploit these new properties". Disponível em: http://www.iso.org/iso/standards_development/technical_committees/list_of_iso_technical_committees/iso_technical_committee.htm?commid=381983 Acesso em 01/08/2011. O grifo não está no original.

[22] Um nanômetro equivale à bilionésima parte de um metro, ou a notação científica de 10-9.

[23] Disponível em: SITE INOVAÇÃO TECNOLÓGICA. Grave seus dados no DNA de uma bactéria e deixe-os passar de geração em geração. 23/02/2007. Online. Disponível em: <www.inovacaotecnologica.com.br/noticias/noticia.php?artigo=010150070223>. Capturado em 01/08/2011.

Bacillus subtilis, um microorganismo comum existente no solo. Segundo Tomita, ele e sua equipe construíram "[...] um meio de armazenamento de dados versátil com a robustez da herança dos dados. [...] Nós sugerimos que esse método simples, flexível e robusto oferece uma solução prática para os desafios do armazenamento e recuperação de dados, em combinação com outras técnicas" (Tomita *et al*, 2007, p. 501-5).

Aí se tem um sinal de alerta da utilização do banco de perfis genéticos, pois eles podem carregar informações de diversas gerações, viabilizando a persecução criminal de alguém por meio da consulta genética de parentes. Além disso, a nanotecnologia é justamente a manipulação no nível de átomos e moléculas, aspecto que torna possível a abertura da investigação criminal para construções científicas que extrapolam a pessoa do acusado. O estudo deste material, na nano escala, abre o caminho para um ramo da nanotecnologia chamado de "bionanotecnologia", que foca o seu desenvolvimento em estudos de estruturas biológicas como o DNA (Castro, 2007). A prospecção científica no tocante ao estudo do código genético está em franca expansão[24] e poderá auxiliar na sofisticação crescente da persecução criminal.

Além disso, deve-se levar em consideração o fato de que os dados genéticos – como já salientado – revelam

---

[24] São exemplos: 1) Chip sequenciador decodifica DNA próton por próton. SITE INOVAÇÃO TECNOLÓGICA. Chip sequenciador decodifica DNA próton por próton. 22/07/2011. Online. Disponível em www.inovacaotecnologica.com.br/noticias/noticia.php?artigo=chip-sequenciador-dna. Capturado em 01/08/2011. Texto elaborado a partir do artigo científico: *Neural network computation with DNA strand displacement cascades.* Lulu Qian, Erik Winfree, Jehoshua Bruck Nature 20 July 2011, Vol.: 475, p. 368-372, DOI: 10.1038/nature10262. 2) Cientistas criam primeira rede neural artificial usando DNA. SITE INOVAÇÃO TECNOLÓGICA. Cientistas criam primeira rede neural artificial usando DNA. 21/07/2011. Online. Disponível em www.inovacaotecnologica.com.br/noticias/noticia.php?artigo=rede-neural-artificial-dna. Capturado em 01/08/2011. Texto elaborado a partir do artigo científico: *An integrated semiconductor device enabling non-optical genome sequencing,* Jonathan M. Rothberg et al. Nature, 20 July 2011, Vol.: Published online, DOI: 10.1038/nature10242.

questões intimamente ligadas ao núcleo da personalidade e da dignidade humana, sendo especialmente relevante sua incidência no exercício das liberdades.

Em função disso, se por um lado, o desenvolvimento das tecnologias da informação e de conhecimento sobre o genoma humano e sua aliança com o Direito Penal pode redundar em resultados positivos no que se refere à identificação de delinquentes e vítimas, por outro lado, se esses dados não forem utilizados de forma adequada, coloca-se em risco os direitos e garantias fundamentais do ser humano – em especial, frise-se, em um momento de expansão do raio de intervenção do Direito Punitivo, marcado pela flexibilização de garantias.

Necessário, portanto, investigar os limites e possibilidades de utilização de bancos de perfis genéticos à luz de alguns pressupostos bioéticos e do ordenamento jurídico brasileiro, o que será feito na sequência.

2. A utilização de bancos de perfis genéticos para fins de persecução criminal à luz de alguns pressupostos bioéticos

É nesse cenário, onde a tecnologia e a técnica parecem possibilitar a realização de qualquer objetivo jurídico, que caberá trazer a proposta de José de Faria Costa (2005) quando, a partir de um texto em homenagem a Martin Heidegger, utiliza a imagem da "linha", justamente para tentar estabelecer algumas possibilidades de reflexão do "fascínio da criatividade". A "invasão" do padrão genético expresso na DNA está na rota da criatividade humana que se instaura por meio da técnica, gerando novos riscos em relação ao próprio ser humano, pois gera uma exposição do humano e suas características sem precedentes. A "linha" é justamente um sinal "imaginário" para se vislumbrar um provável limite de atuação. Na busca da "verdade processual criminal" é permitido invadir o recanto mais genuíno de uma pessoa?

Cabe destacar que a própria técnica gera um "cenário do imprevisível, imputável, não como o antigo, a um defeito de conhecimento, mas a um excesso do nosso poder de fazer, enormemente maior do que nosso poder de prever, e portanto de avaliar e julgar" (Galimberti, 2006, p. 531). Os potenciais que a investigação científica tornam possíveis gera a sensação de que se pode fazer tudo. No entanto, aí nasce o efetivo risco: a perda do controle da criação, com a violação de espaços muito delicados e reservados. O alerta deve ser direcionado para um novo olhar para o passado, para a tradição, tentando resgatar dela o aprendizado que permita avaliar a encruzilhada que as pessoas criaram:

> O fazer superou em muito o agir, e essa é a razão pela qual a ética, que domina o agir, não é capaz de regular a técnica, da qual procede o fazer. A humanidade, dos seus albores aos umbrais da idade da técnica, sempre elaborou éticas que faziam referência a um agir limitado no espaço e no tempo, e substancialmente inócuo em relação à natureza (Galimberti, 2006, p. 523-4).

Apesar da existência de certas normas éticas e bioéticas, especialmente focadas na vida do ser humano e da natureza, os avanços tecnológicos continuam sendo projetados e desenvolvidos, esquecendo-se de valorar o aprendizado gerado no horizonte histórico da humanidade. Desta forma, cabe indagar: há limites para a criatividade humana? Como proceder frente ao "ocaso do pressuposto humanista e a substituibilidade da ética pela regulação técnica dos comportamentos"? (questionamento adaptado a partir de Galimberti, 2006, p. 537). É o momento de se planejar uma "Fernethik": "uma ética em que os efeitos ou resultados se repercutem no tempo distante; uma ética em que as respostas aos comportamentos moralmente relevantes se não podem medir ou ajuizar pela dimensão do imediato" (Faria Costa, 2005, p. 36). É esta bioética (uma ética preocupada com a vida para os fins deste projeto) que se pretende aplicar e desenvolver para relacionar à utilização do patrimônio genético na persecução criminal. Trata-se de uma ética do cuidado com a vida, com o outro, numa relação de corresponsabilidade:

> Na verdade, o "eu" e o "outro" que vão pressupostos na nossa compreensão do Direito e, de forma muito particular, os que se chamam para a visão do Direito Penal têm, digamo-lo em estilo simples, curto e incisivo, um radical onto-antropológico e não se estruturam em puras manifestações, mais ou menos sólidas, mais ou menos consistentes, de dever (Faria Costa, 2005, p. 76).

A perspectiva "onto-antropológica", onde a essência do ser emerge como a projeção do ente homem, sinaliza a centralidade da preocupação bioética. Dessa maneira, se exigirá, para o atual momento de criação e avaliação das possibilidades e riscos das manipulações e a utilização do DNA, uma ética de responsabilidade. Vale dizer, uma responsabilidade que "é o *cuidado*, reconhecido como dever, por outro ser, cuidado que, dada a ameaça de sua vulnerabilidade, se converte em 'preocupação'" (Jonas, 1995, p. 357). Com isso, se tem um dos pressupostos para o desenvolvimento de uma ética adequada para o momento, ou seja, ela deverá considerar o devido "cuidado" com o gênero humano, que se projeta em "preocupação", em decorrência do grau de perigo e vulnerabilidade a que está sendo exposta a geração atual e também a geração futura, provocado pelo nível a que está chegando a investigação científica.

Para tanto, será fundamental a prática de uma "solidariedade antropocósmica": "significa que o homem não é essencialmente alheio ao cosmos que o rodeia, senão pelo contrário que é uma espécie natural, um produto deste cosmos. Bem entendida, dita solidariedade [...] tem um efeito que é, até certo ponto e às vezes, redutor para o homem e 'irredutor' para o cosmos ou a natureza" (Hottois, 1999, p. 153). Aqui se tem outra chave interessante para contrapor ao homem que se emancipou em relação às forças da natureza. Como integrante do conjunto, o ser humano precisa dar-se conta que, eventualmente, a emancipação não o colocou na parte superior da organização hierárquica. Pelo contrário, haverá momentos que a natureza continua sendo irredutível ao "poder" bionanotecnológico, quando deverá entrar em cena a bioética para fazer esse alerta.

Fortalecendo essa concepção, o presente artigo também leva em consideração o saber da *phrónesis*, que conduz cada pessoa na deliberação entre meios e fins para que o bem comum[25] seja alcançado, "não pode ser aprendido e nem esquecido". Não se trata de um saber metódico, "pelo contrário, encontramo-nos sempre na situação de quem tem de atuar e, por conseguinte, temos de já sempre possuir e aplicar o saber ético. [...] esse saber requer sempre o buscar conselho consigo mesmo" (Gadamer, 1997, §§ 322 e 326; p. 472 e 477). O saber prudencial é consolidado por meio da experiência. Assim, é necessário olhar para o passado, verificar os diversos aspectos que envolveram outras descobertas científicas, trazendo-os para o momento atual. Reutilizar respostas positivas e não incidir em erros e sofrimentos já vivenciados. Este um dos principais papéis da valorização da *phrónesis*.[26] O exercício dessa qualificação – do *phrónimos*[27] – exige "o governo pessoal do eu que

---

[25] Por isso, cabe um alerta: não se pensa em buscar uma alternativa no subjetivismo da consciência, na avaliação meramente individual, do caso isoladamente, pois "[...] não há alternativa de saída quando se venera a consciência como um *oráculo* que não pode ser posto em discussão – pois não existe diálogo nem discussão possíveis com os oráculos: eles são escutados, venerados ... ou destruídos. [...] o modelo da consciência e da subjetividade do eu deve ser abandonado[...] porque está errado. Deve ser abandonado porque nele e por meio dele o eu é pensado *como não é*, ou seja, isolado; ou, simplificando, porque nesse modelo o *eu não é pensado*, mas *pressuposto* e, portanto, indevidamente objetivado. O eu não é auto-referencial, é relacional, e essa relacionalidade não deve ser entendida como modalidade de expressão do eu, mas como sua *condição de possibilidade*. 'O tu é mais velho do que o eu'. A ausência do tu não representa para mim apenas uma grave perda, é uma impossibilidade para o meu próprio ser: sem o outro eu não seria" (D'AGOSTINO, 2006, p. 83-4). Esse é um aspecto que o projeto considerará: a avaliação da utilização ou não dos dados genéticos deverá ser considerado em seu contexto coletivo, e não apenas na sua projeção individual, como a utilização em determinado processo penal.

[26] Para aprofundar, consultar: ENGELMANN, Wilson e STRINGHI FLORES, André. A *phrónesis* como mediadora ética para os avanços com o emprego das nanotecnologias: em busca de condições para o pleno florescimento humano no mundo *nanotech*. IN: *Revista da AJURIS* (Associação dos Juízes do Rio Grande do Sul), Porto Alegre, v. XXXVI, n. 115, p. 309-325, set. 2009.

[27] É correto observar que o *phrónimos* consegue desenvolver o seguinte conjunto de virtudes: a compaixão, a própria *phrónesis*, a confiabilidade e a integridade (BEAUCHAMP e CHILDRESS, 2002, p. 499 *et seq.*). Veja-se que não será necessário nenhum esforço hercúlio ou sobrehumano. Pelo contrário, são características humanas e perfeitamente atingíveis. São essas as virtudes que se espera de todos os cientistas, independente da área do conhecimento, que estão ou estarão envolvidos com as investigações em escala nano. Somente assim se poderá estar

é livre tanto de interferências controladoras por parte de outros como de limitações pessoais que obstam a escolha expressiva da intenção, tais como a compreensão inadequada" (Beauchamp e Childress, 2002, p. 138). É na prática da liberdade que se poderão construir os fundamentos para a tomada de uma decisão que não tenha apenas um caráter individual, mas que irradie os seus efeitos para o coletivo. Essa a postura que o atual momento científico exige de cada ser humano.

É pela intermediação da *phrónesis* que será possível desenvolver o "cuidado" com a essência de cada ser humano: a sua dignidade, colocando em prática o efetivo respeito aos Direitos dos Humanos. Esse comportamento poderá ser associado aos princípios da não maleficência e de beneficência: "não-maleficência: 1. 'não devemos infligir mal ou dano'; Beneficência: 2. 'devemos impedir que ocorram males ou danos', 3. 'devemos sanar males ou danos' e 4. 'devemos fazer ou promover o bem'" (Beauchamp e Childress, 2002, p. 212). A partir desses princípios se tem mais elementos para a avaliação da utilização do material genético na persecução criminal. Nos seus diversos desdobramentos, se verifica que os princípios sempre estão destacando a vida dos seres humanos como limitador e elemento de avaliação. O "cuidado" que se formula está lastreado nestes quatro subprincípios, gerados pela experiência humana vivenciada na história recente, a qual deverá servir como pré-compreensão para se construir o "princípio do cuidado".

Os mencionados princípios são gerados a partir da historicidade, como um específico "fenômeno humano cultural, e particularmente do domínio da 'razão prática'" que produz a necessária conclusão da "compreensão da pessoa no homem", ou seja, representa "a dignidade humana [como] a expressão axiológica do homem como

---

seguro de que haverá uma adequada avaliação das oportunidades para prosseguir ou interromper os experimentos.

pessoa e nesta afirma-se como 'fim em si próprio'". Dentro desse conjunto de características pode-se dizer que a responsabilidade como "cuidado" exigirá dois pressupostos "a solidariedade e a corresponsabilidade" (Castanheira Neves, 1995, p. 408-15).

Além disso, deve-se levar em consideração o fato de que os dados genéticos – como já salientado – revelam questões intimamente ligadas ao núcleo da personalidade e da dignidade humana, sendo especialmente relevante sua incidência no exercício das liberdades e o risco de práticas discriminatórias.

Em função disso, se por um lado, o desenvolvimento das tecnologias da informação e de conhecimento sobre o genoma humano e sua aliança com o Direito Penal pode redundar em resultados positivos no que se refere à identificação de delinquentes e vítimas, por outro lado, se esses dados não forem utilizados de forma adequada, coloca-se em risco os direitos e garantias fundamentais do ser humano – em especial, frise-se, em um momento de expansão do raio de intervenção do Direito Punitivo, marcado pela flexibilização de garantias.

Portanto, ao se estabelecer as possíveis relações entre a Bioética e o Direito, no caso, o Direito Penal e o Direito Processual Penal, não se pode olvidar: "perante os riscos da tirania da verdade científica unidimensional e reducionista, particularmente sensíveis no caso das ciências biomédicas aplicadas ao ser humano, tanto a nível individual como coletivo, é a sociedade que deve decidir acerca do que está disposta a aceitar e do que recusa" (Romeo-Casabona, Carlos Maria, 2003, p. 97). A deliberação que a sociedade deverá enfrentar cinge-se ao nascimento de uma nova versão do "biopoder", ou seja, o controle/poder sobre a vida, a partir do acesso ao DNA das pessoas, vasculhando-o para fins de produção probatória no processo penal.

Estes aspectos vinculados à vida do ser humano que deverão ser mensurados num plano pré-normativo, os quais serão decisivos para a construção da resposta sobre a utilização ou não de dados genéticos para a apuração de crimes na sociedade brasileira.

Por outro lado, verifica-se uma "obstinação pela inovação, o que gera "[...] uma dinâmica peculiar, pois a intesidade do progresso da ciência não é acompanhada pela análise, por parte desta mesma ciência, dos efeitos decorrentes da utilização destas novas tecnologias" (Bottini, 2006, p. 48). Esta é uma característica que acompanha as novidades científicas geradas na atualidade: a busca pelo novo é tão intensa, que os atores ficam cegados pela possibilidades, mas esquecem os efeitos e as consequências, nem sempre positivas, que poderão ser geradas. Este livro não é contrário às novidades. No entanto, e a utilização dos dados genéticos na persecução criminal se inscreve nesse cenário, é preciso ter cautela e prudência, a fim de se avaliar todos os desafios que emergirão da deliberação a ser tomada. Não se poderá pensar apenas no imediato: a eficiência da persecução criminal. É preciso lançar o olhar para um prazo mais longo e sopesar também os riscos de se ter à disposição dados e códigos secretos e particulares: como "quase tudo é permitido à ciência", somente faltará um passo para que se façam alterações nestes dados genéticos, a fim de se descobrir um "tratamento" para restabelecer a "normalidade" nos indivíduos criminosos, ou seja, aos "indesejados sociais"!

Verifica-se que a sociedade está vivenciando um "[...] descompasso entre surgimento de inovações científicas e o conhecimento das consequências de seu uso [onde] surge a incerteza, a insegurança, que obrigam o ser humano a lidar com o risco sob uma nova perspectiva" (Bottini, 2006, p. 48). Assim, se o recrudescimento da ação penal e processual penal serviria para a busca do equilíbrio e a paz social; a contrapartida, gerada pela utilização da inovação científica na construção probatória, gerará um novo risco, muito mais potente e, na maior parte das vezes, invisível. Como se proteger do risco invisível, carregado pelas novas tecnologias e que poderão ser utilizadas "contra a qualidade mais essencial do ser humano": o seu mapa genético? Qual o grau de tolerância desta invasão da privacidade, cujos efeitos se prolongarão no tempo, com a exposição num banco de dados?

Surge "o paradoxo do risco, a dificuldade em estabelecer sua medida ou seu grau de tolerância, a disputa entre discursos pela manutenção e pela extinção das atividades arriscadas, repercute nas categorias do Direito" (Bottini, 2006, p. 49). Para dar conta destas variações, será fundamental estabelecer, em paralelo, as regras para a gestão dos riscos, destacando-se as seguintes etapas: "[...] (i) a definição destes riscos; (ii) os juízos de valor sobre eles e; (iii) o estabelecimento de pautas de conduta para reduzi-los ao mínimo necessário para o funcionamento social" (Bottini, 2006, p. 51). O tema tratado neste livro circula entre dois perigos: a ameaça da criminalidade, que assume contornos substanciais e territoriais que desafiam as forças de controle e prevenção; e uma nova ameaça gerada por uma das fórmulas para enfrentar esta situação: quem controlará o acesso ao banco de perfis genéticos? Quem estabelecerá critérios e mecanismo de sigilo? Teremos um novo sigilo bancário, agora dos dados personalíssimos guardados? Essas são questões que deverão ladear e perpassar a análise da utilização de uma prova tão invasiva e de difícil contrariedade. Não são questionamentos conclusivos, mas apenas preliminares. Respondê-las será uma tarefa inicial para a introdução do tema no cenário jurídico-político nacional de debate.

Feitas essas considerações, torna-se necessário, também, investigar os limites e possibilidades de utilização de bancos de perfis genéticos a partir do ordenamento jurídico brasileiro, em especial em face do direito fundamental à não autoincriminação previsto na Constituição Federal.

3. O direito fundamental à não autoincriminação: a utilização do DNA frente aos postulados constitucionais do Estado Democrático de Direito

A coleta de material genético para a construção de bancos de perfis genéticos para fins de investigação criminal – se não for pautada por parâmetros de garantia aos direitos fundamentais da pessoa humana – representa um grave risco para os direitos humanos e para as garantias penais e processuais do cidadão, bem como um desvirtuamento do papel do Direito Penal em um Estado Democrático de Direito, uma vez que se cria uma relação inversa entre tais garantias e a busca constante por mais "segurança", ou seja, em nome de uma eficácia repressiva, entende-se necessário e razoável sacrificar ou pelo menos mitigar as garantias fundamentais.

E isso contraria o princípio segundo o qual as normas penais devem estar construídas sob forte base de garantias, ou seja, devem respeitar os direitos e garantias fundamentais preconizados pela Constituição Federal. No campo no qual a presente discussão se situa, merece destaque, de forma especial, o direito fundamental à não autoincriminação. Segundo este princípio (com forte conteúdo de garantia) da não autoincriminação, ninguém é obrigado a se autoincriminar ou a produzir prova contra si mesmo (nem o suspeito ou indiciado, nem o acusado, nem a testemunha etc.). Assim, nenhum indivíduo pode ser obrigado, por qualquer autoridade ou mesmo por um particular, a fornecer involuntariamente qualquer tipo de informação ou declaração ou dado ou objeto ou prova que o incrimine direta ou indiretamente.

Qualquer tipo de prova contra o réu que dependa (ativamente) dele só vale se o ato for levado a cabo de forma voluntária e consciente. A garantia de não declarar contra si mesmo encontra-se, dentre outros documentos internacionais, no art. 8°, 2, g, da Convenção Americana de Direitos Humanos. Já no âmbito interno, esse direito encontra-se expressamente previsto na Constituição Federal (art. 5°, inc. LXIII).

Paralelo a isso, convém que se lancem outros pressupostos à utilização do banco de perfis genéticos: caso seja efetivamente implementada essa modalidade probatória, será vedada a sua aplicação exclusiva a algumas pessoas, que poderiam ser catalogadas como "as verdadeiras não-pessoas do Direito Penal moderno, ou seja, os absolutamente excluídos" (Silva Sánchez, 2007, p. 4). Não se poderá recrudecer nas modalidades de pesquisa probatória para algumas "pessoas de segunda classe", em relação às quais o Estado se voltará com maior rigor – os não humanos – que merecerão tratamento com provas de conteúdo essencial. Há uma tendência de considerar algumas pessoas ou categorias delas como "fontes de perigo". Este aspecto não poderá ditar as discussões acerca da adoção ou não do banco de perfis genéticos. Aliados a esses detalhes, a utilização dos dados genéticos poderá representar "a negação da relevância do dado biológico 'ser humano'" (Silva Sánchez, 2007, p. 8).

O principal perigo está aí, isto é, a disponibilização de um conjunto de dados que são indisponíveis, pois integrantes da essência ontológica do ente homem. A esse conjunto é preciso acrescer: "[...] qualquer critério que não seja da pertinência à espécie humana nos converte a uns em juízes de outros, o que supõe a própria negação do conceito de direitos humanos" (Silva Sánchez, 2007, p. 11). Tal contorno se dá em consequência da dignidade humana, que representa o elemento substancial que estrutura a essência do ser do ente homem.

Do até aqui exposto, torna-se possível afirmar que o Direito, em um Estado Democrático de Direito, não cumpre mais com uma função de ordenação (como na fase liberal), ou apenas de promoção (como na fase do Estado de Bem-estar Social), sendo "mais do que um *plus* normativo em relação às fases anteriores, constituindo-se em um elemento qualificativo para a sua própria legitimidade, uma vez que impulsiona o processo de transformação da realidade." (Streck, 2008, p. 279).

Ou seja, o Estado Democrático de Direito pretende superar os modelos de Estado Liberal e Social, adotando, do primeiro, a ideia de Estado de Direito, isto é, de Estado governado pelo Direito emanado da vontade geral (art. 1º, parágrafo único, CF), em contraposição a um Estado Absolutista, a fim de cumprir com a exigência de defesa da sociedade em face do arbítrio estatal, o que se pretende conseguir por meio da técnica formal da divisão dos poderes e do princípio da legalidade. Já em relação ao Estado Social, adota-se a perspectiva segundo a qual devem ser quebradas as barreiras que separam Estado e sociedade, quer dizer, o Estado é erigido à condição de "motor ativo" da vida social, sendo chamado a modificar efetivamente as relações sociais.

Portanto, o Estado Democrático de Direito incorpora os núcleos liberal e social, juntamente com um projeto de sociedade e de democracia positivado constitucionalmente. Visa, assim, a atender princípios como os da constitucionalidade, democracia, sistema de direitos fundamentais, justiça social, divisão de poderes, legalidade, segurança e certeza jurídica, para que se possa buscar a menor desigualdade possível entre a coletividade.

Como salienta Mir Puig (1994, p. 33-34):

> A fórmula "Estado social y democrático de Derecho" supone no solo la tentativa de someter la actuación del Estado social – a la que no se quiere renunciar – a los límites formales del Estado de Derecho, sino también su orientación material hacia la democracia real. Se pretende, por esta vía, acoger una modalidad de Estado social – esto es, que tome partido efectivo en la vida social – al servicio de todos los ciudadanos. En cuanto social y democrático, tal Estado deberá crear condiciones sociales reales que favorezcan la vida del individuo, pero para garantizar el control por el mismo ciudadano de tales condiciones deberá ser, además, un Estado democrático *de Derecho*. El carácter democrático de esse Estado aparece vinculado, pues, a la síntesis del Estado social y del de Derecho, y expresa tanto la necesidad de libertad "real" – oponiéndose a que el "Estado social" dirija sólo su intervención en beneficio de ciertos grupos – como "formal" – cerrando el paso a la posibilidad de un "Estado de Derecho" no controlado por todo el pueblo – para los ciudadanos.

Como síntese do exposto, portanto, cumpre salientar a lição de Zaffaroni (2007, p. 169), no sentido de que "os Estados de direito não são nada além da contenção dos Estados de polícia, penosamente conseguida como resultado da experiência acumulada ao longo das lutas contra o poder absoluto". Quer dizer, o pacto social da modernidade, o Direito moderno e suas Constituições estão umbilicalmente ligados ao intento de conter a guerra, de civilizar e submeter a regras institucionais os conflitos políticos e sociais (Baratta, 2000).

Com efeito, de acordo com Zúñiga Rodríguez (2001, p. 27), o reconhecimento dos direitos fundamentais e a construção do conceito de Estado Democrático de Direito que o acompanha, como paradigmas do Direito legítimo, podem ser tidos como a mais importante invenção do Ocidente e a mais louvável conquista do ser humano, uma vez que os direitos fundamentais e o conceito de Estado de Direito "constituyen ideales con una legitimación axiológica capaz de oponerse a cualquier forma de opresión social e individual en el mundo".

Nesse rumo, a condição de validade e eficácia do pacto social assentado no reconhecimento dos direitos fundamentais e no Estado Democrático de Direito é a limitação da violência graças ao monopólio legítimo do uso da força por parte de um Estado imparcial. No entanto, deve-se atentar para o fato de que as "couraças" que aprisionam o Estado de polícia no seio do Estado de Direito não o eliminaram de forma absoluta, apenas o encapsularam, razão pela qual "o Estado de polícia que o Estado de direito carrega em seu interior nunca cessa de pulsar, procurando furar e romper os muros que o Estado de direito lhe coloca." (Zaffaroni, 2007, p. 170).

Na expressão de Zúñiga Rodríguez (2001, p. 26), a legalidade formal se olvidou do aspecto material dos direitos. Significa isso que o mito do formalismo jurídico, "el dominio de la legitimidad fundamentado en las formas jurídicas, en la validez formal de la norma, al resultar una abstración total de la realidad, encubrió la desigualdad material que yacía – y aún permanecen – en las relaciones sociales". Em virtude do exposto, pode-se afirmar que o Estado de Direito histórico, qual seja, o Estado de Direito concreto, realizado no mundo, não pode nunca ser igual ao modelo ideal, justamente porque conserva em seu interior, encapsulado, o Estado de polícia. É por isso que, em determinados momentos históricos, quando os conflitos sociais assumem uma dimensão de guerra civil, assiste-se a um recíproco condicionamento entre a forma bélica de pensamento e de ação e as formas próprias da reação punitiva, fenômeno que, segundo Baratta (2000), não se produz somente nos processos de criminalização informal, mas também nos processos institucionais próprios de um sistema penal (paralelo) que acompanha de maneira natural os conflitos armados. Em um contexto tal,

> la fuerza del orden y el sistema penal legal asumen la forma de la guerra; al mismo tiempo, el *momento penal* se dilata desproporcionadamente, englobando las actitudes y las prácticas de las formaciones

militares y paramilitares, de los grupos armados y de las organizaciones terroristas o criminales. (Baratta, 2000, p. 39).

Quer dizer, quanto maior a capacidade de contenção do Estado de polícia pelo Estado de Direito, mais próximo se estará do modelo ideal. No entanto, somente uma "aproximação" é possível, uma vez que o modelo ideal de Estado de Direito, lembra Zaffaroni (2007, p. 169-170), "embora seja indispensável como farol do poder jurídico, não é nada além de um elemento orientador para o aperfeiçoamento dos Estados de Direito históricos ou reais, mas que nunca se realiza plenamente no mundo".

Nessa constante busca pela aproximação ao modelo ideal de Estado de Direito, exsurge como principal função a ser desempenhada pelo Direito Penal "a redução e a contenção do poder punitivo dentro dos limites menos irracionais possíveis", já que "o Direito Penal é um apêndice indispensável do direito constitucional do Estado de direito, o qual se encontra sempre em tensão dialética com o Estado de polícia." (Zaffaroni, 2007, p. 172).

Ou seja, a capacidade do Estado de Direito de exercer um controle efetivo sobre o sistema penal paralelo é condição necessária para a *normalização* do sistema penal legal. Somente assim é possível impedir a continuidade da guerra e permitir que os conflitos sociais e políticos sejam resolvidos de forma não violenta. Logo, "la normalidad del sistema penal es una consecuencia de la validez ideal y del respeto efectivo del pacto social y, por consiguiente, de la vigencia de la Constitución." (Baratta, 2000, p. 39).

Portanto, o Direito Penal deve sempre caminhar rumo ao Estado de Direito ideal, visto que, ao deixar de fazê-lo, o Estado de polícia avança, como se tem observado na realidade brasileira, na qual, a partir dos discursos de recrudescimento punitivo que vêm pautando a atuação do sistema punitivo, verifica-se que se está olvidando da função de contenção do Estado de polícia, abrindo espaço para o avanço do poder repressivo sobre todos os cidadãos, em um ambiente onde a forma bélica de pensamento prepondera e onde se percebe um processo de criminalização dos conflitos sociais, ou seja, de leitura dos conflitos a partir do código binário crime/pena (Baratta, 2000).

O Direito Penal, nesse contexto, não pode ser neutro: deve ser parcial, e em qualquer circunstância deve estar a serviço da contenção das pulsões absolutistas do Estado de polícia. Em outras palavras, deve estar sempre ao lado do Estado de Direito, uma vez que, enquanto teoria jurídica, não pode separar-se da prática sem que isso represente um inadmissível risco de desequilíbrio. Ao Direito Penal é proibido renunciar à responsabilidade política na dialética permanente de todo Estado de Direito histórico (Zaffaroni, 2007).

Portanto, em um Estado Democrático de Direito, dito modelo de Estado deve ser considerado enquanto princípio valorativo supremo que deve orientar toda a elaboração do Direito Penal.

Nesse sentido, assevera Feldens (2005, p. 43) que:

> Em um modelo de Estado constitucional de Direito a exemplo do nosso (Estado Social e Democrático de Direito), a ciência jurídico-penal (aqui entendidas, essencialmente, a política criminal e a dogmática jurídico-penal) não desfruta de *existência autônoma* em face da Constituição, senão que tem por ela definidos tanto os limites quanto os fundamentos de sua estruturação. Dito de outro modo: a dogmática jurídica e a política criminal não podem estruturar-se de forma divorciada da Constituição, a qual predispõe-se a definir os marcos no interior dos quais haverão de desenvolver-se tais atividades político-intelectivas.

Dentro deste marco de valores – quando se está a tratar dos limites e possibilidades de utilização de bancos de perfis genéticos para fins de investigação criminal no Brasil –, o princípio da proporcionalidade, a regra de ponderação de interesses como fundamento legitimador da decisão de sacrificar direitos fundamentais no lugar de objetivos sociais, é uma regra fundamental, e que deve ser utilizada como "norte" no tratamento da matéria. Notadamente no caso da criação do banco de perfis genéticos, ao lado do princípio da proporcionalidade (que será examinada a seguir), se deverá levar em consideração que esse conteúdo integra "os direitos de personalidade" e, assim, não se poderá "patrimonializar" um conteúdo que é indisponível, pois está em jogo a intimidade da pessoa. À vista disso, é um pressuposto aceito pelo Direito que "mais amplamente, os dados de caráter pessoal são objeto de uma proteção específica, seja quando foram confiados a profissionais, seja quando ocasionam a constituição de um arquivo informatizado, seja qual for seu objetivo, policial, médico, financeiro" (Delmas-Marty, 2004a, p. 31-3). Assim, a construção da proporcionalidade deverá levar em consideração os contornos muito específicos que a matéria carrega na sua essência constitutiva.

4. O princípio da proporcionalidade como instrumento para mensuração da possibilidade de utilização de bancos de dados de perfis genéticos na investigação criminal no Brasil

O princípio da proporcionalidade no âmbito penal supõe desenvolver os subprincípios de adequação (ou idoneidade), necessidade e proporcionalidade estrita da intervenção (Zúñiga Rodríquez, 2009).

No que diz respeito à aferição da adequação ou idoneidade da tutela jurídico-penal, deve-se verificar se ela não é constitucionalmente ilegítima, o que implica uma investigação dos seguintes fatores: os bens ou interesses aos quais se busca proteção não devem estar constitucionalmente proscritos nem devem ser irrelevantes do ponto de vista social (Mourullo, 2002).

Além disso, a idoneidade pressupõe a avaliação da aptidão do meio (no caso, o Direito Penal) para a consecução da finalidade proposta (a proteção do bem jurídico), de forma que somente na medida em que é possível alcançar o objetivo da incriminação é que se justifica o recurso ao Direito Punitivo, considerando-se que "a possibilidade da obtenção do escopo da tutela é a única forma de legitimação das 'lesões a direitos' ínsitas ao meio pena" (Gomes, 2003, p. 127).

Isso significa que:

> A análise da adequação entre meio e fim é [...] orientada a partir do meio: o meio é dado, e invariável, posto que (no direito penal) somente a pena criminal é o instrumento permitido para ser utilizado na tutela dos bens jurídicos, de modo que é em relação a esta que devem ser condicionadas as possibilidades de obtenção do escopo de tutela. Deve-se falar, pois, de *congruência do escopo ao meio*, cabendo ao legislador verificar, no processo de elaboração do tipo incriminador, qual o resultado obtido por intermédio da norma, uma vez que apenas quando for possível resultar uma tutela ao bem jurídico é que estará justificada a intervenção (Gomes, 2003, p. 131).

No que diz respeito ao exame da necessidade, deve-se averiguar se a medida penal constitui o meio menos gravoso dentre os eficazes e disponíveis à obtenção do fim almejado, ou seja, "a intervenção penal (medida) será necessária se tal finalidade protetiva (fim) não poderia ser conquistada *com a mesma eficácia* recorrendo-se a uma medida alternativa menos restritiva (sanção civil ou administrativa)" (Feldens, 2005, p. 163). Segundo Mourullo (2002, p. 73), a tutela penal "há de ser necesaria y proporcionada, lo que a la vista de la gravedad propia de la reacción penal, comporta que las conductas punibles deben ser graves y los bienes protegidos deben tener cierta transcendência individual o social".

Assim, o subprincípio da necessidade reside na exigência constitucional de que o interesse que se busca proteger por meio da norma penal seja suficientemente relevante para justificar uma delimitação da esfera de liberdade dos cidadãos. Referido subprincípio impõe ao legislador infraconstitucional a atenção, em primeiro lugar, à identificação de "quais são os bens jurídicos que podem ser elevados à categoria de bem jurídico-penal, ou seja, quais bens necessitam de uma tutela por parte do direito penal, para que sejam suficientemente protegidos" e, em segundo lugar, à análise da "medida em que determinado bem, já definido como merecedor de proteção penal, pode ser tutelado criminalmente, de maneira que sejam aferidas as modalidades de ataque em relação às quais é indispensável o recurso ao direito penal" (Gomes, 2003, p. 83).

É importante destacar, aqui, que para este juízo de necessidade da intervenção punitiva assume relevância a observância de outros princípios, em especial os princípios da intervenção mínima e o princípio da ofensividade. O primeiro, por apontar para um direito penal que só intervém em casos de real necessidade, com a missão de proteção dos bens jurídicos fundamentais diante dos ataques mais graves e somente na medida em que os outros ramos do direito se mostrarem ineficientes para tal proteção. Já o segundo, por exigir a ocorrência efetiva de uma lesão/ofensa ao bem jurídico que se pretende tutelar por meio do direito penal, razão pela qual Batista (1999, p. 92) refere que existem quatro funções conexas a esse princípio: a primeira refere-se à proibição de incriminação de atitudes internas (ideias, convicções, desejos, aspirações...), ou seja, à impossibilidade de punição da mera *cogitação*; a segunda consiste na proibição de incriminação de uma conduta que não exceda o âmbito do próprio autor, como por exemplo os atos preparatórios para a prática de um crime que não se consuma; a terceira função proíbe a incriminação de simples estados ou condições existenciais (Direito Penal de autor), em respeito à autonomia moral da pessoa; a quarta função é proibir a incriminação de condutas desviadas em relação às "aprovadas" pela coletividade, mas que não afetam qualquer bem jurídico, como por exemplo as práticas de grupos minoritários.

Sobre o exame da necessidade em relação aos bancos de perfis genéticos, o Tribunal Europeu de Direitos Humanos decidiu, em 4 de dezembro de 2008, no caso S. e Marper c. Reino Unido, que a conservação sistemática e indiscriminada por parte de autoridades públicas de mostras celulares e perfis de DNA de pessoas não condenadas vulnera o art. 8º do Convênio Europeu para a Proteção dos Direitos Humanos e Liberdades Fundamentais, por tratar-se de uma ingerência que não cumpre com o requisito de necessidade em uma sociedade democrática[28].

Por fim, no que pertine ao exame da proporcionalidade estrita da intervenção, deve-se investigar se a medida não é desproporcional em seu sentido estrito. Dito juízo de proporcionalidade radica, portanto, "en el exceso derivado de la comparación directa de la pena con la lesividad de la conducta." (Mourullo, 2002, p. 74). Segundo Gomes (2003, p. 170),

> O princípio da proporcionalidade em sentido estrito constitui o último momento, no âmbito do amplo princípio da proporcionalidade, em que se efetua o juízo a respeito da pertinência constitucional da norma incriminadora. Uma vez que o tipo penal já tenha sido analisado quanto à sua necessidade e idoneidade – e superados tais requisitos –, tem lugar uma valoração comparativa entre o objetivo desejado e o meio para alcançá-lo, de modo que o juízo sobre a proporcionalidade *stricto sensu* impõe que meio e fim devem resultar *proporcionais*, um em relação ao outro.

Essa valoração comparativa – segue a autora (2003, p. 170) – refere-se "à intensidade que deve conter o intervento punitivo, posto que quanto mais incisiva for a intervenção penal na esfera jurídica do indivíduo, mais relevante há de ser o interesse geral da coletividade (que com tal intervento se quer perseguir".

Em síntese, o princípio da proporcionalidade visa a não aplicar um preço excessivo para obter um benefício inferior: se se trata de obter o máximo de liberdade, não poderão prever-se penas ou medidas penais que resultem desproporcionais com a gravidade da conduta. Dessa forma, o princípio da proporcionalidade implica, primeiramente, a ponderação sobre a rentabilidade da intervenção

---

[28] Tribunal Europeu de Direitos Humanos: TEDH – Sentença de 04.12.2008, S. e Marper c. Reino Unido, 30562/04 e 30566/04.

do Direito Penal para a tutela do bem jurídico. É preciso aferir se o bem jurídico tem suficiente relevância para justificar uma ameaça de privação de liberdade em geral e uma limitação efetiva no caso de imposição da pena. Em segundo lugar, implica a aferição da gravidade da conduta delitiva, ou seja, o grau de lesão efetiva ou perigo sofrido pelo bem jurídico protegido, uma vez que um ataque/lesão ínfimo a ele não pode justificar a intervenção do direito punitivo.

Tal ponderação decorre da compreensão de que as normas penais só encontram legitimação na medida em que geram mais liberdade do que a que sacrificam, razão pela qual, em um Estado Democrático de Direito, a seleção de respostas, instrumentos, e estratégias para prevenção do fenômeno criminal, incluindo a intervenção do sistema punitivo, deve ser pautada em um cálculo de custos e benefícios sociais (Baratta, 2000). Em outras palavras, isso significa que em um Estado Democrático de Direito todas as limitações à liberdade individual devem ser legitimadas por seus benefícios sociais (Zúñiga Rodríguez, 2001).

A esse propósito, Mourullo (2002, p. 74) afirma que:

> El principio de proporcionalidad orienta hacia el ordenamiento jurídico-penal la vigencia del valor "libertad" entendido genéricamente como autonomia personal. Si tal autonomia se constituye, si no el principal, en uno de los ejes axiológicos fundamentales del sistema democrático de organización y de convivencia social, resultará que las normas penales, en cuanto singularmente restrictivas de la libertad, sólo encontrarán legitimación en su funcionalidad para generar más libertad de la que sacrifican. En otro caso las calificaremos de normas injustificadas por desproporcionadas. Tal desproporción podrá provenir, por de pronto, de la falta de necesidad de la pena, en el sentido de que una pena menor o una medida no punitiva pueden alcanzar los mismos fines de protección con similar eficacia. Estamos ante el tradicional postulado liberal de *ultima ratio legis*, en ocasiones denominado también de intervención mínima. Por la dureza de sus recursos, que suponen la privación o restricción de los más preciados bienes del individuo (vida, libertad, honores, derechos profesionales), el Derecho Penal debe uti-

lizarse siempre como el último remedio jurídico para la resolución del conflicto que representa el comportamiento antijurídico.

O princípio da proporcionalidade no campo penal, assim, assume, de acordo com Feldens (2005), uma dupla face no que diz respeito à proteção dos direitos fundamentais em um Estado Democrático de Direito. Por um lado, em seu viés de garantia contra o arbítrio, o referido princípio funciona como uma proibição de excesso por parte do Estado. Mas por outro lado, partindo-se da consideração de que existem zonas de danosidade que exigem a presença do Direito Penal, bem como de que, como salienta Mir Puig (1994, p. 37), "el Derecho penal de um Estado social y democrático no puede [...] renunciar a la misión de incidência activa en la lucha contra la delincuencia, sino que debe conducirla por y para los ciudadanos", o princípio em comento atua como proteção contra omissões estatais, como proibição de proteção deficiente.

Nesse sentido,

> o espaço de atuação do legislador estaria estreitado por dois limites: pela proibição da proteção excessiva em prol do indivíduo restringido na sua liberdade, bem como pela proibição da proteção deficiente em prol do indivíduo a ser tutelado, sendo que se deve extrair da proibição da proteção excessiva a medida máxima, e da proibição da proteção deficiente a medida mínima da atuação legislativa, centrando-se a zona de discricionariedade do Poder Legislativo entre a medida mínima e a medida máxima. (Feldens, 2005, p. 110).

Afinal, é ínsito ao Estado Democrático de Direito a existência, em prol dos cidadãos, de mecanismos aptos a resguardarem-nos de toda e qualquer ação arbitrária ou abusiva por parte do Estado, haja vista que o respeito aos direitos fundamentais do ser humano é, nesta ótica, o pressuposto central da intervenção penal. E a existência de um sistema de direitos fundamentais individuais e coletivos é um dos traços característicos do Estado Democrático de Direito brasileiro.

Como destaca Zúñiga Rodríguez (2001), em um Estado Democrático de Direito, a finalidade geral da política criminal é a realização dos direitos fundamentais, quer dizer, parte-se de uma consideração do Estado Democrático de Direito e dos direitos fundamentais que o sustentam como "princípios guia" a partir dos quais se legitima a coerção dos poderes públicos e toda a sua ação pública, portanto, todas as suas atuações políticas e jurídicas. Assim, na ótica da referida autora (2001, p. 25),

> el constitucionalismo moderno, en el que finalmente hacen su ingreso los postulados materiales del respeto a los derechos fundamentales, posee um valor *per se* como conjunto de normas sustanciales dirigidas a garantizar el control de los poderes públicos, principalmente la producción legislativa que debe respetar esa legalidad sustancial.

Relativamente ao Direito Penal de garantias Zaffaroni (2007, p. 173) destaca que ele

> é *inerente ao Estado de direito* porque as garantias processuais penais e as garantias penais não são mais do que resultado da experiência de contenção acumulada secularmente e constituem a essência da cápsula que encerra o Estado de polícia, ou seja, *são o próprio Estado de direito*. O direito penal de um Estado de direito, por conseguinte, não pode deixar de esforçar-se em manter e aperfeiçoar as garantias dos cidadãos como limites redutores das pulsões do Estado de polícia, sob pena de perder sua essência e seu conteúdo.[29]

Portanto, em um Estado Democrático de Direito, deve-se evitar que o Direito Penal converta-se em um fim em si mesmo ou ao serviço de interesses que não sejam convenientes para a maioria dos cidadãos, ou, ainda, que desconheça os limites que devem ser respeitados em face das minorias e de todos os indivíduos. O exercício do poder punitivo em um Estado Democrático de Direito, assim, não pode desconsiderar as garantias próprias do

---

[29] Na ótica de Zaffaroni (2007, p. 173), em um Estado Democrático de Direito, qualquer referência a um Direito Penal garantista configura uma *"redundância grosseira*, porque nele não pode haver outro direito penal senão o de *garantias*, de modo que se supõe que todo penalista, nesse marco, é *partidário das garantias*, isto é, *garantista*.

Estado de Direito e, ao mesmo tempo, deve incluir em sua atuação novas tarefas que ultrapassam as garantias meramente formais e assegurem, dessa forma, um serviço *real* a todos os cidadãos (Mir Puig, 1994).

Com isso, o caráter imperativo dos direitos fundamentais como valores superiores do Estado constitucionalmente admitidos implica o reconhecimento de sua normatividade jurídica e de sua qualidade prescritiva ética, ou seja, como contexto fundamentador básico de interpretação de todo o ordenamento jurídico, verdadeiros "postulados-guias" orientadores de uma hermenêutica evolutiva da Constituição, e critério de legitimidade da diversas manifestações de legalidade. Portanto, qualquer intento de interpretação e de construção jurídica, assim como de atuação política, deverá mover-se dentro dos confins desse modelo de Estado constitucionalmente presidido pelos direitos fundamentais.

A proporcionalidade deverá ser iluminada pela dignidade da pessoa humana em todos os seus níveis, pois "o substrato material da dignidade pode ser desdobrado em quatro postulados: a) o sujeito moral (ético) reconhece a existência dos outros como sujeitos iguais a ele" (Moraes, 2009, p. 85), apontando ao já mencionado princípio da subsidiaridade, onde se promove a relação entre o individual e o todo e vice-versa; b) "merecedores do mesmo respeito à integridade psicofísica de que é titular" (Moraes, 2009, p. 85). É preciso considerar se a utilização de dados genéticos não agride a integridade física e psíquica do ser humano. Se tem, com isso, um impedimento à utilização do perfil genético na persecução criminal que não poderá ser desconsiderado; c) "é dotado de vontade livre, de autodeterminação" (Moraes, 2009, p. 85). A liberdade é outro princípio constitucional que poderá (ou deverá?) ser operacionalizado no caso da utilização dos dados que estejam armazenados em bancos de perfis genéticos; d) "é parte do grupo social, em relação ao qual tem a garantia de não vir a ser marginalizado" (Moraes, 2009, p. 85). A dignidade da pessoa humana chama a solidariedade, como um dos objetivos da República, que se encontra insculpida no art. 3º, III, da Constituição Federal.

Do conjunto dos aspectos examinados, se verifica a necessidade de cruzar a questão da utilização dos dados genéticos na persecução criminal com a cláusula geral de tutela da pessoa, que aponta para o seguinte pressuposto: "tutelado é o valor da pessoa, sem limites, salvo aqueles postos no seu interesse e no interesse de outras pessoa humanas" (Moraes, 2009, p. 85). Considerando-se esta cláusula geral e a orientação por ela projetada, a construção e a possibilidade de consulta do banco de perfis genéticos deverá ser atravessado pelo resguardo ao princípio da dignidade da pessoa humana. Por conta desses aspectos examinados até o momento, a matéria também exigirá o trabalho a partir do "princípio da precaução", pois os riscos que poderão ser gerados com a utilização do banco de perfis genéticos não são conhecidos. Portanto, este princípio exigirá a ponderação entre "a garantia" dos dados pessoais-genéticos em relação à "defesa social" pretendida; entre a "certeza" da prática do delito penal imputada ao investigado e o grau de "ofensividade" ao bem jurídico, que possa justificar a utilização de uma prova tão invasiva. É sabido que ao "pretexto de combater 'grande perigo' com o instrumento penal e de resolver com isso um problema epocal, sempre se estará fadado ao insucesso e, paralelamente, se provocará lesão ao direito da liberdade e provocar a dor no indivíduo" (Stortoni, 2004, p. 89). O princípio da precaução deverá provocar a consideração destes aspectos em caráter preliminar, como condição de possibilidade para a aferição da proporcionalidade da decisão que se tomará ao final.

Nesse rumo, a utilização de bancos de perfis genéticos para fins de persecução criminal no Brasil deve ser analisada a partir da tutela dos direitos e garantias fundamentais da pessoa humana, sendo que os limites de utilização dos referidos dados poderão ser encontrados no princípio da proporcionalidade.

Nesse sentido, deve-se levar em consideração o fato de que qualquer regulamentação da utilização de bancos de perfis genéticos para fins de investigação criminal no Brasil deve partir do consentimento do titular dos referidos dados, de forma a preservar os direitos e garantias fundamentais inscritos na nossa Constituição, em especial o já referido direito à não autoincriminação a que se refere o art. 5º, inciso LXIII, da Carta Magna. Este consentimento se apresenta como o pilar essencial sobre o qual se deve assentar toda a produção normativa que se refira ao tema, a exemplo da regulamentação do tema na Carta dos Direitos Fundamentais da União Europeia, de 7 de dezembro de 2000, anteriormente referida, que, no seu artigo 8, expressamente prevê que o consentimento da pessoa afetada – ou outro fundamento legítimo previsto na lei – é fundamental para o tratamento dos dados de caráter pessoal.

Portanto, o princípio da proporcionalidade impõe, no Brasil, no que concerne ao tema da regulamentação da utilização de bancos de perfis genéticos para fins de investigação criminal, em primeiro lugar, que a utilização desses dados obedeça aos critérios de adequação, necessidade e proporcionalidade estrita da medida probatória e, em segundo lugar, que o consentimento do afetado seja compreendido como integrante do conteúdo essencial do direito fundamental à proteção de dados pessoais, no sentido de que seja reconhecido o direito da pessoa de ser informada sobre quem possui seus dados e com qual finalidade. Afinal, o direito de informação se apresenta, aqui, como requisito imprescindível para que o consentimento seja outorgado de forma válida pelo interessado.

Assim, o exercício do princípio da proporcionalidade, combinado com as disposições contidas no ordenamento jurídico brasileiro, deverá ser perpassado pelos aspectos bioéticos examinados, com o acréscimo do seguinte elemento: "ao Biodireito [...] cabe a função social de renovar os compromissos éticos, incluindo [...] as prerrogativas atropeladas pelo advento da pós-modernidade como o direito ao sigilo de dados genéticos" (Augustin e Almeida, 2009, p. 559). A persecução criminal por meio da utilização de dados genéticos se insere num novo ramo chamado de Biodireito, ou seja, um Direito que lida com a essência da vida, a saber, o mapa genético contido no DNA. Uma questão preliminar a ser decidida circunscreve-se ao mencionado sigilo, o que, neste momento, é um obstáculo para o seu uso na investigação criminal. Portanto, será uma decisão que a sociedade deverá tomar, assumindo a responsabilidade decorrente, pois envolve também um outro direito que é o direito à vida privada. Desta feita, a questão envolve dois pressupostos básicos: um movimento de "modernização face às mencionadas novas tecnologias", mas, por outro lado, um movimento "de salvaguarda de direitos que conviria reformular precisamente para dar conta dessas novas tecnologias" (Delmas-Marty, 2004, p. 506). Entre estes dois pressupostos é que se deverá construir uma resposta (ainda provisória) para o problema lançado na introdução. A sofisticação das práticas criminais, a técnica legislativa das normas penais em branco, que já não definem mais com precisão o tipo penal e os avanços tecnológicos, viabilizando uma "intromissão" em dados absolutamente privados, são os principais desafios que o processo penal enfrenta nesse início do Século XXI. Para tanto, a utilização crítica e criativa do princípio da proporcionalidade possa ser um fio condutor que perpassará estas questões, rumo a soluções que contemplem o respeito primordial aos direitos dos humanos.

Com isso, estará sendo assumida uma efetiva responsabilidade pela persecução criminal e posterior aplicação da penas, mediante os seguintes pressupostos, adaptados a partir do "princípio responsabilidade", de Hans Jonas:

"o primeiro desafio é a tomada de consciência diante de uma ameaça global que se esconde atrás da ideologia de uma vida mais confortável" (Frogneaux, 2011, p. 7). A criminalidade crescente e com escala transnacional precisa ser enfrentada com medidas que transcendem apenas um enrijecimento da persecução criminal. Uma vida (social) mais confortável, no caso desta pesquisa, é justamente prender todos aqueles que ameaçam a vida confortável de cada um. No entanto, além de ser impossível, isso tem um resultado final pouco provável.

> O segundo desafio do princípio responsabilidade é certamente mais o de ligar esta constatação da crise tecnológica e ecológica a um desafio ético, do que aos enredos políticos ou à gestão das ações coletivas. Efetivamente, a responsabilidade de nossas ações coletivas deve ser carregada por cada indivíduo: somente uma ética em nível universal será capaz de evitar um risco global (Frogneaux, 2011, p. 7-8).

Uma percepção ética retrata o "princípio da subsidiaridade", ou seja, o enfrentamento das questões relativas ao crime, à (des)criminalização e à utilização do banco de perfis genéticos para a persecução criminal exigirão uma tomada de decisão coletiva. E isto se circunscreve ao caráter também coletivo das consequências da utilização desse tipo de prova, dada a ingerência no recanto mais particular de cada ser humano. Além do mais, se estes dados serão alocados num banco de consulta, o acusado cumprirá a sua pena, mas os seus dados genéticos continuarão expostos e disponíveis para consulta posterior. Será que não teremos um prolongamento *ad eternum* de uma atitude considerada, num determinado espaço temporal, como contrária ao Direito em relação ao acusado?

"O terceiro desafio seria a articulação entre a ética e o político ou a remoralização do político que corresponde ao destaque do rebaixamento ético de toda política" (Frogneaux, 2011, p. 8). Aqui se apresenta o cruzamento da perspectiva de valorizar os pressupostos normativos que antecedem qualquer decisão da esfera política: um dos pressupostos que caracterizam a humanidade do ser humano, ou seja, a percepção, sem a necessidade de um poder coercitivo, de normas para o agir em relação com os demais integrantes da tecitura social. E nesse espaço, se verifica que:

> Um valor deve ser compartilhado por todos, independentemente das escolhas históricas e das opções particulares: o da existência humana como tal e que não deve ser melhorado. A humanidade não é um fato, mas um valor do qual continuamos responsáveis em razão do nosso poder sobre ela. Porém, esta humanidade é a condição de possibilidade de todas as opções políticas (Frogneaux, 2011, p. 8).

A humanidade do ser humano deverão conduzir as discussões e decisões sobre a adoção ou não de um banco onde possam ser armazenadas informações genéticas para serem utilizadas em investigações criminais. Tudo indica que, num primeiro momento, a partir desse valor comum, os bancos de perfis genéticos estarão proibidos. No entanto, no espaço político, a partir desse valor, em respeito ao cruzamento do direito público com o direito privado, é que essa decisão deverá ser tomada, assumindo-se a responsabilidade daí decorrente.

"O quarto desafio, que é em realidade o centro da ética e da responsabilidade, consiste em redefinir o conceito e dar-lhe um valor ontológico" (Frogneaux, 2011, p. 8). A perspectiva ontológica aponta para a essência do ser do ser humano. Em nome dessa essencialidade é que se deverá projetar determinadas regras éticas que iluminarão a tomada de consciência da responsabilidade. Com isso, será necessário dar-se conta de que "visualizar, compreender, escolher, aceder 'a' são atitudes constitutivas do questionamento e, ao mesmo tempo, modos de ser de um determinado ente, daquele ente que nós mesmos, os que questionam, sempre somos" (Heidegger, 2002, p. 33, § 2). Portanto, a questão relativa ao banco de dados genéticos está inserida no contexto onde cada pessoa se encontra desde sempre. Esse é um aspecto a não ser deixado no esquecimento, pois "esse ente que cada um de nós somos e que, entre outras, possui em seu ser a possibilidade de questionar, nós o designamos com o termo *Dasein*" (Heidegger, 2002, p. 33, § 2). O ente homem, o *Dasein*, o ser-aí, é o único ente a compreender o seu ser. Por isso, a importância da responsabilidade eticamente consolidada para sustentar as decisões sobre a persecução criminal utilizar ou não dados pessoalíssimos de cada ente homem. Desta forma, a questão do ser, como um primado ontológico, aponta para o substrato que sustenta a concepção de ciência: "como atitude do homem, as ciências possuem o modo de ser desse ente (homem)" (Heidegger, 2002, p. 38, § 4). As construções científicas, dentre as quais as possibilidades abertas pelas pesquisas genéticas, representam atitudes humanas para os próprios humanos. Essa é uma dependência circular da qual não se pode fugir e que não se deverá esquecer.

A responsabilidade, nesse cenário ontológico, se apresenta "como o dever de conformar os atos a uma humanidade futura digna deste nome. Trata-se então de inverter o sentido temporal da responsabilidade do passado para o futuro e mesmo um futuro desconhecido por definição, uma vez que ele é marcado por inovações radicais" (Frogneaux, 2011, p. 8). Este livro trata de uma "inovação radical", pois pretende servir-se de material que integra a essência do ser humano para fins de provas na esfera penal. Aí se mostra a responsabilidade como a "cura" ou o "cuidado": "[...] ver a 'cura' como aquilo a que pertence o *Dasein* humano 'enquanto vive', mas porque essa primazia da 'cura' emerge no contexto da concepção conhecida em que o homem é apreendido como o composto de corpo e espírito" (Heidegger, 2002, p. 264, § 42). A junção do corpo e do espírito, característica estrutural e substancial do ser humano, faz emergir a necessidade fundamental do cuidado. A responsabilidade edificada a partir dessa característica mostra-se transtemporal, cujas raízes estão no seu passado, na linha pré-ontológica, que se desvale no presente e irradia efeitos para o futuro. É no enlaçamento destas "etapas" do tempo onde se desenha a "cura", o "cuidado" com o ser do ente homem. Vale dizer:

> A perfectio do homem, o ser para aquilo que, em sua liberdade, pode ser para suas possibilidades mais próprias (para o projeto), é um "desempenho" da "cura". De modo igualmente originário, ela determina, porém, o modo fundamental desse ente, segundo o qual ele está entregue ao mundo da ocupação (estar-lançado) (Heidegger, 2002, p. 265, § 42).

O próprio ente homem carrega consigo o compromisso ontológico do cuidado. Portanto, não é algo estranho ao ser humano, que possa ser manipulado como se fosse um objeto à disposição. Pelo contrário, trata-se de um ser no mundo circundante onde o ente homem está desde sempre inserido. A "cura" é a configuração de uma atitude sinalizada pela sua constituição essencial e fundamental da humanidade. Assim, "[...] uma humanidade digna deste nome é necessariamente uma humanidade livre de suas escolhas e de seus atos e, então, responsável" (Frogneaux, 2011, p. 8). O ser do ente que é responsável não se projeta em relação apenas aos demais, mas também consigo próprio. Esse elo de essencialidade que deverá ser trazido à tona e considerado na deliberação sobre a constituição do banco com características essenciais do ser humano. E mais do que isso: não se trata de "uma humanidade que resultaria de nossas escolhas contemporâneas e seria delas finalmente o objeto, mas uma humanidade que seja o autêntico sujeito de sua existência como nós fomos" (Frogneaux, 2011, p. 8). Mais do que em nenhum momento da história da humanidade, é preciso olhar para a essência do ser do ente homem e, a partir daí, por meio do princípio da proporcionalidade, deliberar sobre os casos em que efetivamente vale a pena a utilização de um código exclusivo para formatar um código (seja penal ou processual penal) contingente e humanamente definido.

Conclusão

A utilização do banco de dados de perfis genéticos é destacada como uma possibilidade para a solução de diversos delitos, de forma precisa e quase infalível. Esta alternativa é apresentada como a mais nova forma estatal para a persecução criminal. Embora tenha sido incorporada ao sistema jurídico de diversos países, especialmente do Continente Europeu (Naves, 2010, p. 144-5), a formatação da prova no processo criminal por meio de dados já coletados e disponibilizados no biobanco levanta diversas questões, especialmente as implicações éticas, que ainda precisam ser melhor debatidas. Aliás, este é um dos objetivos deste livro.

No Brasil, como já referido, por meio do Projeto de Lei do Senado nº 93 de 2011, de autoria do Senador Ciro Nogueira, se busca estabelecer "a identificação genética para os condenados por crime praticado com violência contra pessoa ou considerado hediondo".[30]

Além do material coletado em diversos locais de prática de fatos delituosos, o biobanco contaria, ainda, com material dos condenados, que seriam "obrigados" a forne-

---

[30] "Dispõe sobre a identificação genética para os condenados por crimes praticados com violência contra pessoa ou considerados hediondos, nos termos da Lei nº 8.072/90; estabelece que a identificação genética será armazenada em banco de dados sigiloso; dispõe que a autoridade policial, federal ou estadual, poderá requerer ao juiz competente, no caso de inquérito instaurado, o acesso ao banco de dados de identificação genética". Disponível em: <http://www.senado.gov.br/atividade/materia/detalhes.asp?p_cod_mate=99463>. Acesso em 02/01/2012.

cer material genético, nos termos do art. 2º do mencionado projeto de lei.[31] Muitos dos aspectos examinados ao longo do livro se encontram sintetizados na seguinte passagem da justificativa do projeto que está em tramitação:

> O DNA pode ser encontrado em todos os fluidos e tecidos biológicos humanos e permite construir um perfil genético individual. Além disso, características moldadas ao longo da história evolutiva dos seres vivos adaptaram o DNA para ser uma molécula informacional com baixíssima reatividade química e grande resistência à degradação. Essa robustez da molécula faz com que o DNA seja ideal como fonte de identificação resistente à passagem do tempo e às agressões ambientais frequentemente encontradas em cenas de crimes.[32]

Há três aspectos que merecem uma atenção especial: a) a importação de uma regra da persecução criminal utilizada em outros países; b) a obrigatoriedade do fornecimento de material para a composição do banco de perfis genéticos; c) a originalidade das características que compõem o DNA.

Uma prática jurídica utilizada em determinado sistema jurídico não poderá ser simplesmente importado para outro, o qual, embora possa ter traços semelhantes, não é igual. E isso se dá pelo simples fato de que o Direito é sempre uma resposta dada pela própria sociedade, a partir de suas peculiaridades político-sociais-culturais-econômicos. Por isso, o Direito é sempre "daquele Estado", podendo não ser aplicável em outro Estado. Assim, a importação de uma experiência jurídica precisa ser avaliada com muito cuidado.

O perfil genético que está inserido no DNA de cada pessoa integra o seu patrimônio mais íntimo e restrito,

---

[31] Art. 2º Serão submetidos à identificação genética obrigatória, mediante extração de DNA por técnica adequada e indolor, os condenados por crime praticado com violência contra a pessoa ou por qualquer dos crimes previstos no art. 1º da Lei nº 8.072, de 25 de julho de 1990". Disponível em: <http://legis.senado.gov.br/mate-pdf/87674.pdf>. Acesso em 02/01/2012.

[32] Disponível em: <http://legis.senado.gov.br/mate-pdf/87674.pdf>. Acesso em 02/01/2012.

que não deverá ser invadido – constitui um direito fundamental-humano-natural, alçado, a partir do Novo Código Civil, ainda a um direito da personalidade. Portanto, a permissão forçada da coleta deste material, para fins de composição de um "banco de dados", coloca em risco "o futuro da natureza humana" (Habermas, 2004) e se afigura como inconstitucional. Assim, embora o caráter democrático do debate legislativo, tem-se dúvidas sobre a dimensão e a profundidade desta discussão, que já está encerrada no Senado Federal, considerando que o referido projeto foi encaminhado, em 04/10/2011, para a apreciação da Câmara dos Deputados. Para um tema de tamanha envergadura, parece ser necessário o desvelamento de "novos horizontes éticos", na expressão de Otfried Höffe, conforme recolhido por Habermas, que especifica: "os desenvolvimentos notórios e temidos da tecnologia genética [e a sua utilização] afetam a imagem que havíamos construído de nós enquanto ser cultural da espécie, que é o 'homem', e para o qual parecia não haver alternativas" (Habermas, 2004, p. 56). O estranhamento que os avanços tecnológicos produzem agora são acentuados pelas possibilidades de sua utilização, como é o caso do código genético do ser humano, independente se culpado ou inocente. Não se trata de recolher qualquer material que possa ser um indício de prova, mas se busca ingressar no recanto mais sagrado de estruturação da vida humana. Será que ela poderá ser armazenada em um banco para consultas, como se fosse uma conferência ao crédito ou à inscrição no cadastro negativo do SPC ou do SERASA? Parece que a resposta deverá ser negativa. Como este banco poderá ser especializado?

Todas estas situações poderão ser sofisticadas e agravadas pela utilização das nanotecnologias, por meio das quais se "[...] projetam, pela fusão do homem à máquina, a imagem de uma estação de produção, que é submetida a uma supervisão e a uma renovação autorreguladas, além de passar por reparo e aperfeiçoamento constantes" (Habermas, 2004, p. 58). A perspectiva pós-humana está mais próxima do que nunca. A criação de um banco de perfis genéticos é apenas mais um passo nesta direção. Talvez seja o que estava faltando!

O questionamento que se impõe é: quais são os riscos desta caminhada? Ela se opõe ao crescimento natural do ser orgânico que cada pessoa representa, por meio da "invasão da máquina e da técnica", onde a subjetividade do intelecto humano é substituída pela produtividade técnica e mecânica do necessário para a sobrevivência meramente "corporal"(?). Parece que o espírito está sendo deletado! A utilização dos traços característicos que estão alojados no DNA de cada ser humano parece ser a última barreira que a técnica precisa derrubar à "tecnicização da natureza humana", "que provoca uma alteração da autocompreensão ética da espécie – uma autocompreensão que não pode mais ser harmonizada com aquela autocompreensão normativa, pertencente a pessoas que determinam sua própria vida e agem com responsabilidade" (Habermas, 2004, p. 58-9). Aí está o risco: a perda dos referenciais ético-morais que nos distinguem dos demais seres vivos, os quais permitem a construção da autocompreensão humana racional. Isso deverá ser avaliado pelo Poder Legistivo durante o percurso do processo legislativo mencionado.

O livro pretende provocar a reflexão sobre o tema, perpassado pela advertência de Umberto Galimberti: "[...] num universo de meios, onde nenhum fim aparece no horizonte, não existem mais leis morais nem imperativos que não se inscrevam naquela regra de conduta que a técnica anuncia quando prescreve que 'se deve fazer tudo aquilo que se pode fazer', e, como consequência, 'se deve empregar tudo aquilo que estiver disponível'. [...]." (Galimberti, 2006, p. 819). A pergunta que resta é se o ser humano efetivamente deverá fazer tudo aquilo que a técnica viabiliza? Talvez antes de se aventurar neste caminho que parece não ter retorno, o ser humano deveria olhar para o horizonte histórico da experiência gerada pela amálgama de muitas gerações, a fim de tirar desse cenário algum aprendizado. Cada pessoa é titular de um código binário – certo/errado – que lhe permite avaliar as questões e os seus desdobramentos. Com esse código, segundo Habermas, o gênero humano soube enfrentar e responder os desafios lançados quando as imagens religiosas e metafísicas do mundo perderam a sua força universal. Naquele contexto, "adaptamos as práticas do mundo da vida e da comunidade política às premissas da moral da razão e dos direitos humanos, pois elas forneciam uma base comum favorável a uma existência da dignidade humana acima das diferenças ideológicas" (Habermas, 2004, p. 101). Os humanos continuam tendo o direito de ver respeitada a sua dignidade, a qual continua se apresentando como um pressuposto intransponível para fazer frente aos desafios trazidos pelos avanços tecnológicos, agora passíveis de aplicação e ingresso no acervo mais singelo da composição de cada ser humano. Este é o ponto que o livro propõe: não no sentido de ser contra a utilização dos dados organizados nos biobancos. Pelo contrário, é fundamental que se avalie todas as facetas envolvidas, racionalizando o fascínio trazido somente pelos contornos positivos.

Referências

AGAMBEN, Giorgio. *Estado de exceção*. Trad. Iraci D. Poleti. São Paulo: Boitempo, 2004.

ÁLVAREZ GONZÁLES, Susana. *Derechos fundamentales y protección datos genéticos*. Madrid: Dykinson, 2007.

ALBRECHT, Peter-Alexis. El derecho penal en la intervención de la política populista. *La insostenible situación del derecho penal*. Granada: Editorial Comares, 2000.

AMBOS, Kai. *Os terroristas também têm direitos*. Disponível em: <http://cnj.myclipp.inf.br/default.asp?smenu=ultimas&dtlh=172057&iABA=Not%EDcias&exp=>. Acesso em 10. ago. 2011.

AUGUSTIN, Sérgio; ALMEIDA, Ângela. O Biodireito e a Ética da Prospectiva e da Responsabilidade: a controvérsia sobre a clonagem humana. IN: TIMM, Luciano Benetti e MACHADO, Rafael Bicca (Coord.). *A Função Social do Direito*. São Paulo: Quartier Latin, 2009.

BACIGALUPO, Enrique. *Princípios de derecho penal*. 5. ed. Madrid: Akal, 1998.

BARATTA, Alessandro. Funciones instrumentales y simbólicas del Derecho Penal: una discusión en la perspectiva de la criminología crítica. *Pena y Estado: la función simbólica del derecho penal*. Barcelona: PPU, 1991. p. 37-55.

——. La política criminal y el derecho penal de la constitución: nuevas reflexiones sobre el modelo integrado de las ciencias penales. *Revista Brasileira de Ciências Criminais*. São Paulo: Revista dos Tribunais, 2000. n. 29. p. 27-52.

BATISTA, Nilo. *Introdução crítica ao direito penal brasileiro*. 4. ed. Rio de Janeiro: Revan, 1999.

BEAUCHAMP, Tom L.; CHILDRESS, James F. *Princípios de Ética Biomédica*. Tradução de Luciana Pudenzi. São Paulo: Loyola, 2002.

BOLZAN DE MORAIS, José Luis. *Dos Direitos Sociais aos Interesses Transindividuais*. Porto Alegre: Livraria do Advogado, 1996.

BOTTONI, Pierpaolo Cruz. Princípio da precaução, direito penal e sociedade de risco. IN: *Revista Brasileira de Ciências Criminais*, São Paulo: RT, v. 61, p. 44-121, jul.-ago. 2006.

BOURDIEU, Pierre. *Sobre a televisão*. Trad. Maria Lúcia Machado. Rio de Janeiro: Jorge Zahar Ed., 1997.

BUTLER, Judith. *Vida precária*: el poder del duelo y la violencia. Trad. Fermín Rodríguez. Buenos Aires: Paidós, 2009.

——. O limbo de Guantánamo. *Novos estudos*. CEBRAP, 2007, n. 77, p. 223-231.

CALLEGARI, André Luís. Direito Penal e Constituição: condições e possibilidades de uma adequada aplicação da pena. In. SANTOS, A. L. C.; STRECK, L. L.; ROCHA, L. S. (orgs.). *Constituição, sistemas sociais e hermenêutica*. Porto Alegre: Livraria do Advogado; São Leopoldo: UNISINOS, 2007. n. 3. p. 61-72.

——; MOTTA, Cristina Reindolff. Estado e política criminal: a expansão do Direito Penal como forma simbólica de controle social. In. CALLEGARI, André Luís (org). *Política Criminal, Estado e Democracia*. Rio de Janeiro: Lumen Juris, 2007. p. 1-22.

CANCIO MELIÁ, Manuel. *Direito Penal do Inimigo*. 2. ed. Tradução de André Luís Callegari e Nereu José Giacomolli. Porto Alegre: Livraria do Advogado Editora, 2007.

CASTANHEIRA NEVES, António. O Princípio da Legalidade Criminal: o seu problema jurídico e o seu critério dogmático. IN: *Digesto:* escritos acerca do Direito, do pensamento jurídico, da sua metodologia e outros. Coimbra; Coimbra Editora, 1995, vol. 1º.

CASTRO, Amadeus. Bionanomáquinas. IN: GALLO, Jairo Giraldo; GONZÁLEZ, Edgar; GÓMEZ-BAQUERO, Fernando (Edit.). *Nanotecnociencia:* nociones preliminares sobre el universo nanoscópico. Bogotá: Ediciones Buinaima, 2007.

CHEVALLIER, Jacques. *O Estado Pós-moderno*. Tradução de Marçal Justen Filho. Belo Horizonte: Fórum, 2009 (Coleção Fórum Brasil-França de Direito Público; 1).

CHOMSKY, Noam. *11 de setembro*. Trad. Luiz Antonio Aguiar. 5. ed. Rio de Janeiro: Bertrand Brasil, 2002.

CUEVA, Lorenzo Morillas. Teflexiones sobre el Derecho Penal del futuro. *Revista Electrónica de Ciencia Penal y Criminología*. Disponível em: <http://criminet.ugr.es>. Acesso em: 22.01.2009.

D'AGOSTINO, Francesco. *Bioética:* segundo o enfoque da Filosofia do Direito. Tradução de Luisa Raboline. São Leopoldo: Unisinos, 2006.

DELMAS-MARTY, Mireille. *Os Grandes Sistemas de Política Criminal*. Tradução de Denise Radanovic Vieira. Barueri: Manole, 2004.

——. *Por um Direito comum*. Tradução de Maria Ermantina de Almeida Prado Galvão. São Paulo: Martins Fontes, 2004a.

——. *Nous pourrions tous devenir des suspects sous surveillance*. Disponível em: <http://www.lesinrocks.com/actualite/actu-article/t/43845/date/2010-03-19/article/nous-pourrions-tous-devenir-des-suspects-sous-surveillance/>. Acesso em 22 jun. 2011.

DAUNIS RODRÍGUEZ, Alberto Daunis. Seguridad, derechos humanos y garantías penales: ¿objetivos comunes o aspiraciones contrapuestas? In. GOMEZ DE LA TORRE, Ignacio Berdugo; SANZ MULAS, Nieves. *Derecho Penal de la Democracia vs Seguridad Pública*. Granada: Comares, 2005. p. 213-241.

DAVARA RODRÍGUEZ, Miguel Ángel. *Manual de Derecho Informático*. 3. ed. Navarra: Aranzadi, 2001.

DÍEZ RIPOLLÉS, José Luis. De la sociedad del riesgo a la seguridad ciudadana: un debate desenfocado. *Derecho Penal y Política Transnacional*. Barcelona: Atelier Libros Jurídicos, 2005.

——. *La racionalidad de las leyes penales.* Madrid: Editorial Trotta, 2003.

——. La política criminal en la encrucijada. Buenos Aires: B de F, 2007.

ENGELMANN, Wilson. *Direito Natural, Ética e Hermenêutica.* Porto Alegre: Livraria do Advogado, 2007.

——; STRINGHI FLORES, André. A *phrónesis* como mediadora ética para os avanços com o emprego das nanotecnologias: em busca de condições para o pleno florescimento humano no mundo *nanotech.* IN: *Revista da AJURIS* (Associação dos Juízes do Rio Grande do Sul), Porto Alegre, v. XXXVI, n. 115, p. 309-325, set. 2009.

ETXEBERRÍA GURIDI, José Francisco. La protección de los datos de carácter personal en el ámbito de la investigación penal. Madrid: Agencia de Protección de datos, 1998

FARIA COSTA, José de. A Linha (Algumas reflexões sobre a responsabilidade em um tempo de "técnica" e de "bio-ética"). IN: *Linhas de Direito Penal e de Filosofia:* alguns cruzamentos reflexivos. Coimbra: Coimbra Editora, 2005.

FELDENS, Luciano. *A constituição penal:* a dupla face da proporcionalidade no controle das normas penais. Porto Alegre: Livraria do Advogado, 2005.

FINNIS, John Mitchell. *Lei Natural e Direitos Naturais.* Tradução de Leila Mendes. São Leopoldo: Unisinos, 2007.

FROGNEAUX, Nathalie. Um futuro hipotecado. Tradução de Márcia Junges. IN: *IHU On-Line*, Revista do Instituto Humanitas Unisinos, ano XI, n. 371, p. 7-10, 29/08/2011.

GADAMER, Hans-Georg. *Verdade e Método:* Traços fundamentais de uma hermenêutica filosófica. 4. ed. Tradução de Flávio Paulo Meurer. Petrópolis: Vozes, 1997, vol. I.

GALIMBERTI, Umberto. *Psiche e Techne:* o homem na idade da técnica. Tradução de José Maria de Almeida. São Paulo: Paulus, 2006.

GARAPON, Antoine. *La raison du moindre état.* Le néolibéralisme et la justice. Paris: Odile Jacob, 2010.

GARLAND, David. *La cultura del control.* Traducción de Máximo Sozzo. Barcelona: Editorial Gedisa, 2005.

GIACOMOLLI, Nereu José. O princípio da legalidade como limite do *ius puniendi* e proteção dos direitos fundamentais. *Direito Penal em Tempos de Crise.* Porto Alegre: Livraria do Advogado Editora, 2007.

GARRIGA DOMÍNGUEZ, A. *La protección de los datos personales en el Derecho español.* Madrid: Universidad Carlos III de Madrid-Dykinson, 1999.

——. Tratamiento de datos personales y derechos fundamentales. Madrid: Dykinson, 2004.

GOMES, Mariângela Gama de Magalhães. *O princípio da proporcionalidade no Direito Penal.* São Paulo: RT, 2003.

GUERRERO MORENO, Álvaro Alfonso. *La regulación de los datos genéticos y las bases de datos de ADN.* Criterio Jurídico. v. 8, n°. 2, Santiago de Cali, 2008-2, p. 223-244.

HABERMAS, Jürgen. *O Futuro da Natureza Humana:* a caminho de uma eugenia liberal? Tradução de Karina Jannini. São Paulo: Martins Fontes, 2004.

HEIDEGGER, Martin. *Ser e Tempo.* 12. ed. Tradução de Marcia Sá Cavalcante Schuback. Petrópolis: Vozes, 2002, Parte I.

HARDT, Michael; NEGRI, Antonio. *Multidão:* guerra e democracia na era do Império. Trad. Clóvis Marques. São Paulo: Record, 2005.

HOTTOIS, Gilbert. *El Paradigma Bioético:* una ética para la tecnociencia. Tradução de M. Carmen Monge. Barcelona: Anthropos, 1999.

JAKOBS, Günther. La pena estatal: significado y finalidad. In. LYNETT, Eduardo Montealegre (coord.). *Derecho Penal y sociedad:* estudios sobre las obras de Günther Jakobs y Claus Roxin, y sobre las estructuras modernas de la imputación. Tomo I. Bogotá: Universidad Externado de Colombia, 2007. p. 15-61.

——. Direito penal do cidadão e direito penal do inimigo. In. CALLEGARI, André Luís; GIACOMOLLI, Nereu José (org. e trad.). *Direito penal do inimigo:* noções e críticas. 4. ed. atual. e ampl.. Porto Alegre: Livraria do Advogado, 2009. p. 19-70.

JESCHEK, Hans-Heinrich. *Tratado de Derecho Penal. Parte General.* 4. ed. Traducción de José Luis Manzanares Samaniego. Granada: Editorial Comares, 1993.

JONAS, Hans. *El Principio de Responsabilidad:* ensayo de una ética para la civilización tecnológica. Tradução de Javier Mª. Fernández Retenaga. Barcelona: Herder, 1995.

KHAN, Mahvish Rukhsana. *Diário de Guantánamo:* os detentos e as histórias que eles me contaram. Trad. Constantino K. Korovaeff. São Paulo: Larousse do Brasil, 2008.

LUCAS MURILLO DE LA CUEVA, P. *El derecho a la autodeterminación informativa.* La protección de los datos personales frente al uso de la informática. Madrid: Tecnos, 1990.

LUZÓN PEÑA, Diego-Manuel. *Curso de Derecho Penal. Parte General.* Madrid: Universitas, 1996.

MALEM Seña, J. "Privacidad y mapa genético". En: *Revista Derecho y Genoma Humano 2* (enero-junio de 1995).

MARTÍNEZ ESCAMILLA, Margarita. *La inmigración como delito.* Un análisis político-criminal, dogmático y constitucional del tipo básico del art. 318 bis CP. Barcelona: Atelier, 2007.

MIR PUIG, Santiago. *Derecho Penal. Parte General.* 4. ed. Barcelona: PPU.

——. El Derecho penal en el Estado social y democrático de derecho. Barcelona: Ariel Derecho, 1994.

MORA SÁNCHEZ, Juan M. Aspectos sustantivos y procesales de la tecnología del ADN, Cátedra Interuniversitaria de Derecho y Genoma Humano. Granada: Comares, 2001.

MORAES, Maria Celina Bodin de. *Danos à Pessoa Humana:* uma leitura civil-constitucional dos danos morais. 4ª tiragem. Rio de Janeiro: Renovar, 2009.

MOURULLO, Gonzalo Rodríguez. *Delito y pena em la jurisprudencia constitucional.* Madrid: Civitas, 2002.

NAVES, Bruno Torquato de Oliveira. *Direitos de Personalidade e Dados Genéticos:* revisão crítico-discursiva dos direitos de personalidade à luz da natureza jurídica dos dados genéticos humanos. Belo Horizonte: Escola Superior Dom Helder Câmara – ESDHC, 2010.

NICOLÁS JIMÉNEZ, Pilar. La protección jurídica de los datos genéticos de Carácter personal. Bilbao-Granada: Comares, 2006.

NICOLESCU, Basarab. Um novo tipo de conhecimento – Transdisciplinaridade. In:

——— et al. *Educação e Transdisciplinaridade*. Tradução de Judite Vero; Maria F. de Mello e Américo Sommerman. Brasília: UNESCO, 2000, p. 13-29.

PÉREZ CEPEDA, Ana Isabel. La seguridad como fundamento de la deriva del Derecho penal postmoderno. Madrid: Iustel, 2007.

PÉREZ LUÑO, A. La libertad informática. Nueva frontera de los derechos fundamentales. In: *Libertad informática y leyes de protección de datos*. Ed. M. Losano, A. Pérez Luño y M. Guerrero Mateus. Madrid: Centro de Estudios Constitucionales,1990.

ROMEO CASABONA, Carlos M. *Los genes y sus leyes*. El Derecho ante el genoma humano. Bilbao-Granada: Comares, 2002.

———. ROMEO-CASABONA, Carlos Maria. Biodireito. IN: HOTTOIS, Gilbert; MISSA, Jean-Noël. *Nova Enciclopédia da Bioética:* medicina, ambiente, biotecnologia. Lisboa: Instituto Piaget, 2003.

ROXIN, Claus. *Derecho Penal. Parte General. Tomo I*. Traducción de Diego-Manuel Luzón Peña, Miguel Díaz y García Conlledo y Javier de Vicente Remesal. Madrid: Civitas, 1997.

RUIZ CARRILLO, A. La protección de los datos de carácter personal. Barcelona: Bosch, 2001.

SILVA SÁNCHEZ, Jesús-Maria. *La expansión del Derecho penal:* aspectos de la política criminal en las sociedades postindustriales. Madrid: Cuadernos Civitas, 1999.

———. Los Indeseados como Enemigos: la exclusión de seres humanos del *status personae*. IN: *Revista Electrónica de Ciencia Penal y Criminología*, n. 09-01, p. 1-18, 2007. Disponível em: http://criminet.ugr.es/recpc/09/recpc09-01.pdf Acesso em 22/09/2011.

SITE INOVAÇÃO TECNOLÓGICA. Grave seus dados no DNA de uma bactéria e deixe-os passar de geração em geração. 23/02/2007. Online. Disponível em www.inovacaotecnologica.com.br/noticias/noticia.php?artigo=010150070223 . Capturado em 01/08/2011.

STEIN, Ernildo. Introdução ao Método Fenomenológico Heideggeriano. IN: *Sobre a Essência do Fundamento. Conferências e Escritos Filosóficos de Martin Heidegger*. Tradução de Ernildo Stein. São Paulo: Abril Cultural (Coleção Os Pensadores), 1979.

STORTONI, Luigi. Angoscia Tecnologica ed Esorcismo Penale. IN: *Rivista Italiana di Diritto e Procedura Penale*, Milano, v. 47, n. 1, p. 71-89, jan.-mar. 2004.

STRECK, Lenio Luiz. *Tribunal do júri:* símbolos e rituais. 3. ed. Porto Alegre: Livraria do Advogado, 1998.

———. *Jurisdição Constitucional e Hermenêutica:* Uma Nova Crítica do Direito. 2. ed. rev. e ampl. Rio de Janeiro: Forense, 2004.

———. *Hermenêutica jurídica e(m) crise:* uma exploração hermenêutica da construção do Direito. 8. ed. rev. e atual.. Porto Alegre: Livraria do Advogado, 2008a.

――. A Constituição (ainda) Dirigente e o direito fundamental à obtenção de respostas corretas. *Revista do Instituto de Hermenêutica Jurídica*. Porto Alegre: Instituto de Hermenêutica Jurídica, 2008b. n. 6. p. 273-311.

TOMITA, Masaru *et al*. Alignment-Based Approach for Durable Data Storage into Living Organisms. IN: *Biotechnology Progress*, American Institute of Chemical Engineers (AIChE), v. 23, n. 2, p. 501–505, 2007.

WACQUANT, Loïc. *As prisões da miséria*. Trad. André Telles. Rio de Janeiro: Jorge Zahar, 2001.

WILKIE, T. *El conocimiento peligroso*. El proyecto Genoma Humana y sus implicaciones. Madrid: Debate, 1994.

ZAFFARONI, Eugenio Raúl. *Em busca das penas perdidas*. Trad. Vania Romano Pedrosa e Amir Lopez da Conceição. 5. ed. Rio de Janeiro: Revan, 2001.

――. *O inimigo no direito penal*. Trad. Sérgio Lamarão. Rio de Janeiro: Revan, 2007.

ZÚÑIGA RODRÍGUEZ, Laura. *Política criminal*. Madrid: Colex, 2001.

――. *Criminalidad organizada y sistema de Derecho penal*. Granada: Comares, 2009.

Impressão:
Evangraf
Rua Waldomiro Schapke, 77 - POA/RS
Fone: (51) 3336.2466 - (51) 3336.0422
E-mail: evangraf.adm@terra.com.br